アートによる共生社会をめざして

成蹊大学人文叢書21

成蹊大学文学部学会編

責任編集　川村陶子

風間書房

はしがき

本書は、文化と共生社会について知りたい、考えたい、実践したい人がひとときを過ごすための小さな広場のような書物である。ここで共生社会とは、出自や特性、アイデンティティなどの「文化的背景」がさまざまな人たちがつながり、それぞれの個性を生かしながら共に生きられる社会を想定している。そのような共生社会を、アート（芸術）という「文化的要素」を媒介としてかたちづくる活動や、そうした活動を促すしくみ（制度、政策）について、実例をもとに多角的に検討していく。事例は地域に根ざしたものを重点的にとりあげ、成蹊大学が所在する東京都武蔵野市の文化行政や文化事業、本学の学生や教職員がたずさわる活動にも着目する。

執筆陣は、成蹊大学文学部芸術文化行政コースの教育や運営に携わってきたメンバーを中心としている。芸術文化行政コースは二〇二〇年に設置された学科横断型コースのひとつで、武蔵野地域と連携しつつ、座学と実践の両面からの学びを通じて、多様な社会構成員の相互的関係構築に資する芸術文化の担い手を養成することをめざしている。二〇二二年度からの四年間は、成蹊大学ブリリアントプロジェクト奨励金を得て、学生が武蔵野市の文化施設や学内外の主体とともに芸術文化の観点から社会課題にとりくむ「成蹊アートプロジェクト」を実施してきた。同プロジェクトの企画や運営にお力添えくださった招聘講師の方々にも本書の執筆に加わっていただいている。

芸術と広場というと、劇作家で芸術文化観光専門職大学学長の平田オリザ氏が一〇年ほど前に、劇場は地域の「新しい広場」だと述べられたことを思い出される読者もいるかもしれない（『新しい広場をつくる――市民芸術論概要』岩波書店、二〇一三年）。ここでは平田氏の議論に触発されつつ、やや異なる観点も交え、「広場」をふたつの意味で本書の特徴をあらわす形容として用いている。複数の道が交わる場所としての広場、そして多様な背景の人びとが集う場所としての広場である。

ひとつめの「複数の道の交わり」について、「アートによる共生社会」という本書のテーマは、社会における文化のマネジメントをめぐる議論のふたつの道筋、すなわち「多様性への向きあい」「文化の活用」という流れの交点にあたる。いずれの流れも二〇世紀後半にルーツをもちつつ、とりわけこの三〇年ほどの間に各所で盛んになっている。以下、筆者の専門の関係で国際的次元を軸とした論述になるが、概要を整理しておきたい。

「多様性への向きあい」をめぐっては、二一世紀への転換期のころから、人や情報の移動の増大、グローバル化にともなって、異なる文化的背景をもつ人びとがどのように共に生きられるかが課題となってきた。国際関係の分野では、一九九〇年代前半に米国の政治学者サミュエル・ハンティントンが、「文明の断層線」が冷戦終結後の対立・紛争の発火点となることを展望して話題になった。その後も「九・一一」同時多発テロなどを契機としたイスラモフォビア（イスラーム嫌悪）やコロナ禍におけるアジアンヘイトのような「他者」への恐怖や偏見の広がりが折々に問題化しているが、その一方では #Me Too やＢＬＭ（ブラック・ライブズ・マター）など、ジェンダーや人種の平等を求めて声をあげる運動が盛んになっている。社会において文化的に多様な人びとがどのように「共に生きられる」か（ないし、共生を難しくしているものは何か）については、多文化主義、インターカルチュラリズム、民主的反復、複言語・複文化主義、トランスカルチュラリティ、インターセクショナリティなど、社会と個人の双方に注目した思考枠組みが提示されている。

共生のための文化マネジメントにおいてキーワードとなってきたのが多様性（ダイバーシティ）である。二一世紀はじめにはユネスコで文化的多様性に関する世界宣言（二〇〇一年）、文化的表現の多様性の保護及び促進に関する条約（二〇〇五年、発効は〇七年）が採択され、文化の多様性が人権や自由、持続可能な発展の基盤になることが確認された。実社会において「多様性」はマイノリティの権利保障や社会参加と結びつけられ、日本ではしばしば「女性の活躍」や「外国人材の受け入れ」、「障害者支援」「ＬＧＢＴ支援」といった枠で論じられる。

本書が出版される二〇二五年初頭現在、欧米諸国では「社会における多様性の行きすぎた尊重」が問題視されており、米国ではトランプ大統領の下でＤＥＩ（多様性、公平性、包摂性）への取り組みが後退する動きがみられる。しかし異なる文化的背景をもつ人びとが存在することは動かしがたい現実である。そして、さまざまな次元における文化的差異には歴史的に形成された差別や不平等もからみあっている。「多様性への向きあい」をやめることは、そうした構造的問題を放置し悪化させることにほかならない。社会の分断を加速させるのみならず、平和や持続可能な発展といった共通課題へのとりくみをも後退させてしまうだろう。いま求められるのは安易なダイバーシティ推進でも反ＤＥＩでもなく、さまざまな属性をもつ人たちが互いの立場を知り、つながりあう機会を地道に増やしていくことではないだろうか。アートはそうしたつながりをつくるひとつのきっかけになりうると考えられる。

一方、「文化の活用」をめぐっては、やはり一九九〇年代ごろから、「文化の力」や「文化が生み出す価値」を国益の増進や社会の活性化につなげようとする議論が続けられている。ジョゼフ・ナイは、相互依存を深める世界における米国の力（パワー）を検討するなかで、惹きつける力すなわちソフトパワーに着目し、文化をそうしたパワーのリソース（資源）のひとつととらえるとともに、そうしたリソースを政策的に活用することの重要性を主張した。ナイのソフトパワー論は米国の枠をこえ、国家ブランド論、英国のクール・ブリタニア政策、「ジャパニーズ・クール」論やクールジャパン戦略など、文化を対外的な国力の源とみなす議論、およびそうした資源を活用する実践の数々が展開していく契機となった。

日本では国内文化政策の文脈でも「文化立国」や「文化芸術立国」がスローガンとなり、二〇〇一年に文化芸術振興基本法、二〇一七年には同法を改正した文化芸術基本法が制定された。文化芸術基本法は前文および第二条（10）で「文化芸術により生み出される様々な価値」に言及し、後者では「観光、まちづくり、国際交流、福祉、教育、産業その他の関連分野における施策との有機的な連携」を図っていく旨を定めている。

文化を資源として活用するという視点は、国だけでなくさまざまな主体による行為に向けられてきた。文化資源学や資源人類学、観光人類学、創造都市論など、アカデミアと実践にまたがる形で議論が展開している。日本では一九九〇年代から大学でアート・マネジメントの教育がおこなわれるようになり、アート・マネジメント、文化経済学、文化資源学、文化政策学といった研究分野の学会が設立されている。実践面でひとつのブームになったのが文化による地域の再生で、グラスゴーやビルバオなど海外の成功例が注目され、日本でも瀬戸内地域で直島の開発が国際芸術祭へと発展しているのをはじめ、各地で芸術祭や文化施設を用いた地域活性化のとりくみがおこなわれている。

「文化の活用」はさらに、よりミクロなレベルでの社会課題解決にも及び、地域におけるさまざまな人のかかわりあいを促すコミュニティ・アートや、アートプロジェクト、共創的芸術活動といった、「共に資源をつくり出す」さらには「かかわりあいそのものが資源となる」タイプの実践が活発化している。アートを通じた社会包摂（social inclusion）や社会的結束（social cohesion）、共創（co-creation）の模索である。

以上のふたつの流れ――「多様性への向きあい」と「文化の活用」――が交わり合うひとつの

場が、本書が主題とする「アートによる共生社会」である。さまざまな属性の人たちがアートを通じてつながり、かかわりあう実践はどのように展開しているのか。人と人を分ける境界をアートによって越えることはできるのか。できるとすればどのような形なのか。そうした実践、活動を地域で支え、持続可能な形で展開させるためのしくみはいかなるものか。共創的実践はどのような視点や方法で読み解き分析できるのか。本書にはこういった問いに答えるためのヒントがちりばめられている。

本書のふたつめの特徴である「多様な背景の人びとが集う場」は、執筆者の専門分野の多様性、そして各執筆者の研究の学際性と言い換えられる。本書の執筆者の約半数が文化政策やその関連分野の研究を専門（のひとつ）に挙げている一方、メンバーの多くは他のディシプリンに研究の軸足をおいており、その範囲は社会学、国際関係論、歴史学、演劇研究、英文学、音楽学といった多様な分野に広がっている。文化政策研究をおもな専門とする執筆者のなかにも、障害者福祉や多文化共生のような独自の切り口をもつ専門家がいる。自らがアーティストや教育者、地域のプロジェクトメンバーとして実践にかかわっている者もいる。十名の執筆者がそれぞれの立場から展開する議論を合わせ読むことで、読者が「アートによる共生社会」に関する多角的かつ総合的な知見を得られることを期待している。

各章は当該テーマにはじめてふれる人も入っていきやすいように書かれている。ぜひ広場のそれぞれの章を訪れ、逍遥していただければ幸いである。

本書は三部構成である。第一部「課題と思考枠組み」では、「アートによる共生社会」というテーマにとりくむための基本的な知識や視点を提供する。第一章「現代の文化政策の方向性と地方自治体の文化行政」は、文化政策とはなにか、それが拠って立つ権利概念や今日の基本理念とはどういうものかを解説するとともに、文化政策の最前線のひとつともいえる地方自治体の文化行政の展開や課題を、東京都武蔵野市を事例に論じる。第二章「多様性と境界に向き合う」では、障害をもつ人の表現活動に研究と実践の両面でかかわっている筆者が、近年の共創的芸術実践で注目される社会包摂について批判的に、かつわかりやすく検討する。第三章「日本人と外国人の境界線を超える「アートの迂回路」と多文化共生」は、アートが適切な形で活用されるならば、外国人住民と日本人（マジョリティ）住民をつなぐ「迂回路」をひらきうることを、可児市と東京都の事例を通して明らかにする。

第二部「実践の現場」では、武蔵野市と成蹊大学でおこなわれているとりくみを紹介する。事例となる活動は美術、パフォーミングアーツ、音楽といった異なるジャンルと関連しつつ、いずれもコロナ禍の影響を受けながら実施されたものである。第四章「武蔵野アール・ブリュットの挑戦」は、武蔵野市が二〇一七年度から実施してきた市民協働型アートプロジェクトのあゆみをふり返り、そこで実行委員会が直面してきた「難しさ」を検討する作業を通じて、当該事業が「多様性を大切にする地域づくり」に資する可能性を考察する。第五章「共に生き、共に創る」は、成蹊大学文学部芸術文化行政コースの中核をなす演習科目で実施してきた「成蹊アートプロジェクト」の最初の二年間の記録である。学生たちはアーティストやゲスト講師の協力を得ながら、市内のNPO法人と連携して障害のある人たちと芸術を実践し、その経験をふまえて武蔵野市内の文化施設で成果発表会をおこなった。本章では「共創」の観点から、一連の活動を組織および個人のレベルで検証する。第六章「音楽がつなぐ縁」では、武蔵野市が東京2020ホストタウンとしておこなったルーマニアとの交流事業と、それに付随して成蹊大学の学生と教職員が組織した活動を、成蹊側プロジェクトのリーダーを務めた筆者が回顧する。武蔵野市が三〇年以上前にルーマニア・ブラショフ市の交響楽団を支援したことが縁となり、ホストタウン関連事業でも音楽活動が大きな柱、レガシーとなって国をこえる人のつながりを実現したことを確認する。

第三部「広がる射程」では、武蔵野市から目を転じ、「アートによる共生社会」をより広い視野で検討する。第七章「社会学の立場からアートプロジェクトを調査研究する」では、社会学者である筆者が、芸術文化と地域・社会という異なる世界をまたぐ現象をどう調べ分析するのか、社会学がアートプロジェクトの何を解明できるのかを平明かつ批判的に論じる。第八章「「アートによる共生社会」は持続可能か」は、沖縄から全国へ広がり、各地の市民によって継続されている郷土劇「現代版組踊」の展開を分析し、その活動を支える仕組みについて考察する。第九章「アーティストのコミュニティで働く」では、研究教育のかたわらクラシックの楽器演奏とギター製作に従事する筆者が、自らが工房を構える立川の石田倉庫アトリエで活動するアーティストたちにインタビューをおこなっている。小麦庫の倉庫だった建物がクリエイターの制作拠点として使われ、地域住民を巻き込んだ多様な人びととの交流の場へと発展している様子を浮き彫りにしている。

本書の構想は二〇二三年秋に成蹊大学にて同タイトルで実施した武蔵野地域五大学共同教養講座から始まった。第一、二、三、五章の内容は当該講座の講義録をもとにしている。また、芸術文化行政コース設置に際しておこなわれた二〇一九年度文学部スペシャルレクチャーズ「共生社会のアート」、二〇一八年度武蔵野市寄付講座「まちづくりと芸術文化政策」などの成果も、本書の出版に結びついている。

これらの講座の実現を可能にしてくださった武蔵野市と成蹊大学の関係者の皆様、講師やパネリストの皆様、芸術文化行政コースを支えられている槇原彩先生はじめ科目担当教員や運営委員の先生方、成蹊アートプロジェクトをご支援くださっている学内外の皆様、共生社会に向けた成蹊の実践を担うコース履修学生の皆さん、そして出版企画へのヒントをくださった同僚の日比野啓先生に心からお礼申し上げる。共同教養講座の実施時期の関係で出版は年度をまたぐことになったが、見城武秀文学部長と成蹊大学文学部学会の皆様に人文叢書としての刊行を快くお認めいただいたおかげで企画が実現できた。事務作業の面では文学部共同研究室の鹿野谷有希さんと水谷奈於さんにご支援いただいた。重ねて深く感謝申し上げる。

風間書房の風間敬子社長は、スケジュールがおしているなか、不慣れな編者を細やかにサポートし、出版文化の担い手としての矜持を見せてくださった。尊敬と感謝の気持ちをお伝えしたい。

本書を手に取ってくださった読者が、この小さな広場を起点として文化と共生社会への関心を深められること、そしてさらなる文献や事例にわけいる、実際の活動にかかわるといった「次のステップ」へと踏みだされることを願っている。

二〇二五年二月

責任編集者　川村　陶子（成蹊大学文学部芸術文化行政コース運営委員長）

アートによる共生社会をめざして　目次

第一部　課題と思考枠組み

武蔵野市民文化会館「風琴サロン」のチラシ
イラスト：ハラダチエ
主催：一般社団法人オルガン芸術振興会
共催：公益財団法人武蔵野文化生涯学習事業団

第一章　現代の文化政策の方向性と地方自治体の文化行政

小林真理

1　政策と文化に関する権利

政策は何を根拠に行われるか。国レベルであれば多数派の政治家の政治的誘導と理解される場合もあり、また地方自治体レベルであれば首長のイニシアティブを通じて行われると考えられるかもしれないが、原則としては日本国憲法における国民の基本的人権を保障していくことが根拠になっている。たとえ政治的誘導、イニシアティブであったとしても、それはやはり国民の基本的人権の保障という大義が必要になる。それは逸脱することはできない。日本人の多くは、教育を受ける権利とか、健康で文化的な生活を営む権利、宗教の自由などがさまざまな権利が措定されていることを知っている。日本国憲法は一九四八年に制定され、その後に改憲せずに現在に至っているものであり、制定当時からこの権利概念がどのように展開してきたかという点に目を向けることは重要である。日本国憲法の中にも基本的人権として幾つか重要な権利が掲げられている。しかしながら、ここで扱う文化に関する権利については、あまり意識されることがなかったといえるかもしれない。

この文化に関する権利、ここでは以下文化権とするが、一九四八年には世界人権宣言で文化に関する権利が宣言されている（表一を参照）。世界人権宣言が宣言に留まるのに対して、権利の保障状況をモニタリングしていくことが含まれる国際人権規約にも文化権が規定されている。また、子どもの権利条約の中にも文化権の規定がある。そして、二〇〇一年に議員立法で制定された文化芸術振興基本法においても、文化権の規定がある。制定法の中に規定されるまでに、五〇年以上の月日が流れた。日本における文化への意識が低いからなのであろうか。決してそうともいえない。そもそも文化の定義が広範であり、とりわけ自分達に身近な生活文化などは空気や水と同じようなものであり、なくならないとその意味や意義を意識することがないというのが一般的だろう。すべての人に文化の重要性があまねく認識されるような状況には幸いにも出くわさなかったといえるのかもしれない。むしろ、文化は、時間に余裕がある人の気晴らしにたしなむ娯楽のような存在としてしか意識されてこなかった。しかしながら、一九四八年に世界人権宣言が採択されたときは、世界的な戦争によって文化が蹂躙されたという意識が高まっていた時期であった。

条文を確認しておきたい。世界人権宣言は「文化生活に関する権利」となっており、「全て人は自由に社会の文化生活に参加し、芸術を鑑賞し、および科学の進歩とその恩恵にあずかる権利を有する。全て人はその創作した科学的、文学的または美術的作品から生ずる精神的および物質

表一　国際法上の文化権

世界人権宣言	一九四八年	第二七条 文化生活に関する権利	一．すべて人は、自由に社会の文化生活に参加し、芸術を鑑賞し、及び科学の進歩とその恩恵とにあずかる権利を有する 二．すべて人は、その創作した科学的、文学的又は美術的作品から生ずる精神的及び物質的利益を保護される権利を有する
国際人権規約A規約	一九六六年採択、一九七六年発効、一九七九年（日本批准）	第一五条 文化への権利	一．この規約の締約国は、すべての者の次の権利を認める。 a．文化的生活に参加する権利 b．科学の進歩及びその利用による利益を享受する権利 c．自己の科学的、文学的又は芸術的作品により生ずる精神的及び物質的利益が保護されることを享受する権利（以下略）
国際人権規約B規約	一九六六年採択、一九七六年発効、一九七九年（日本批准）	第一九条 表現の自由	一　すべての者は、干渉されることなく意見を持つ権利を有する。 二　すべての者は、表現の自由についての権利を有する。この権利には、口頭、手書き若しくは印刷、芸術の形態又は自ら選択する他の方法により、国境とのかかわりなく、あらゆる種類の情報及び考えを求め、受け及び伝える自由を含む。 三　二の権利の行使には、特別の義務及び責任を伴う。したがって、この権利の行使については、一定の制限を課すことができる。ただし、その制限は、法律によって定められ、かつ、次の目的のために必要とされるものに限る。 (a)　他の者の権利又は信用の尊重 (b)　国の安全、公の秩序又は公衆の健康若しくは道徳の保護
子どもの権利条約	一九八九年採択、一九九〇年発効、一九九四年日本批准	第三一条 休息・余暇、遊び、文化的・芸術的生活への参加	一．締約国は、休息及び余暇についての子どもの権利並びに子どもがその年齢に適したレクリエーション活動を行い並びに文化的生活及び芸術に自由に参加する権利を認める 二．締約国は、子どもが文化的及び芸術的生活に十分に参加する権利を尊重しかつ促進するものとし、文化的及び芸術的な活動並びにレクリエーション及び余暇の活動のための適当かつ平等な機会の提供を奨励する。

的利益を保護される権利を有する」とある。世界人権宣言は第一条から第二〇条までは自由権的規約であり、第二二条から第二七条は社会権的規約と位置づけられている。自由権は「国家からの自由」を意味し、国家が人々の活動に介入してくることから自由であるということを意味し、社会権は「国家による自由」、つまり国家による政策的関与を通じて自由が保障されることを意味する。たとえば教育権も社会権の一部である。たとえ教育を受ける権利があったとしても、誰もがアクセスできる教育機関が整備されていないことにはその権利は保障されない。現代であれば政府がその責任を負うということになる。世界人権宣言の文化権は、社会権の枠組みに入れられているということである。

そのことが明確になったのが国際人権規約である。国際人権規約はA規約「経済的、社会的及び文化的権利に関する国際規約」(通称、社会権規約)と、B規約「市民的及び政治的権利に関する国際規約」(通称、自由権的規約)で構成されており、第一五条「文化への権利」はA規約に位置づけられていることから、文化への権利を保障していくために国家による関与が必要とされるものと位置づけられた。表現の自由は、B規約の第一九条である。

また、子どもの権利条約の文化権の構成はよく考えられている。第三一条「休息・余暇、遊び、文化的・芸術的生活への参加」を文化権と捉えるが、第一項は、「締約国は、休息および余暇についての子どもの権利、ならびに子どもがその年齢に適したレクリエーション活動を行いならびに文化的生活および芸術に自由に参加する権利を認める」であり、第2項は、締約国は、子どもが文化的および芸術的生活に十分に参加する権利を尊重しかつ促進するものとし、文化的および芸術的な活動ならびにレクリエーションおよび余暇の活動のための適当かつ平等な機会の提供を奨励する」とある。第一項は自由権を、そして第二項は社会権を意味している。子どもの場合は、成人とは異なる状況にあることは心に留める必要があろう。たとえ、文化的生活および芸術に自由の参加する権利があったとしても子ども一人でそれを享受することは難しい。とくに自分で物理的に行動の自由を確保できるようになるには、場合によっては親からの経済的な許可を受けて、文化へのアクセスが可能となる。自由に参加ということをうたいあげたとしても、子どもは、自分たち一人では実は文化や芸術に触れたりとか参加したりするというのは難しい、親の嗜好や経済状況、そして時間の余裕に大いに左右される。これは教育領域も同様のことがいえる。

さて、これまで政策の根拠としての文化権がどのように展開してきたかをみてきた。文化が権利であるからこそ、政策が必要になる。では文化は何故権利なのだろうか。ここでは表現の方法に着目をしてみたい。

日本人は、文化の受容においてとりわけ文字を重視してきた。海外との交流の歴史を通じても、文物の輸入・交換において、知識や情報の獲得において文字や描かれたものが重要な役割を担ってきた。しかしながら、文字も不十分なメディアであり、もし何らかの表現を試みようとするときに、文字以外の方法を選択することもあるだろう。実際、明治以降、日本の学校教育においては、図画、工作、体育、音楽といった教科が用意されてきた（残念ながら身体そのものによる表現は体育に含まれ、演劇は含まれてないが)。近代化における国民教育の必要性から取り入れられたこれらの科目は、いまや子ども一人一人の可能性を拓く科目群として考えていくことが求められてきている。それらの価値を理解していくためにも、これらの科目群に関連する分野での優れた活動やその努力を知ることは子どもたちに選択肢を広げるきっかけを与えることになる。そのような意味でも、子どもの権利条約が文化へのアクセスが自由であるとしつつも、社会権的配慮が必要とする理由である。これはこれまでの学校教育を受けてきた大人で、このような支援を受けられなかった者も対象としなければならないということを意味するかもしれない。

社会権的配慮が必要な領域あるいは課題こそが、まさに文化政策の対象ということになる。商品として出回っているものは、経済的な側面が充実していれば入手することができるはずである。市場に任せておくだけではアクセスできないもので、配慮が必要なものが何かということを改めて検討していく必要があるのだろう。そもそも権利として保障していくということを考えた場合に、平等にアクセスが保障される最低ラインの政策的な関与とは何か、ということを考えていかなければならないということになる。

2 文化芸術基本法における文化政策理念

(1) 対象者の明示

日本国憲法における基本的人権概念は、解釈によって広がってきている。たとえば知る権利や環境権などがよく知られたところであり、それらを具体的に政策で実現していくために法律が制定される。たとえば、情報公開法や個人情報保護法、また環境基本法などである。同様に、文化政策の領域においても、文化政策を実施していく上での根拠となる法律が制定された。それが二〇〇一年の文化芸術振興基本法である。この法律は議員立法で制定されたものであり、第二条「基本理念」において、「文化が生まれながらの権利」であることが含まれている。ここではこの法律制定の経緯は拙著ですでに述べたので割愛し、この法律が、二〇一七年に改正されて文化芸術基本法となった点に注目したい（小林真理、二〇〇四）。改正点に注目することによって、この一六年間の日本の文化政策の変化をみることができる。

法律の名称が改正されたことも大きな意味を持つが、文化政策を実施していく上での基本理念が追加された。名称変更については、文化芸術関連施策について、「振興」に限定をせずに対象を拡充することを狙ったものである。政策を実施していく上での原則である基本理念が見直されたことは、二〇〇一年に法律が制定されて以降の社会環境の変化や、政策実施の体制の拡充の必要性がこの間に認識されるようになったことを反映しているといってよいだろう。改正にあたって、法律名が変更されたこともあり、基本理念の主語も「文化芸術の振興に当たっては」から「文化芸術に関する施策の推進に当たっては」にすべて変更された。また構成も、第二条七項から新たに二項が追加されるとともに、表現の変更が行われたところがある（表二）。

表二　新旧対照表

第二条 基本理念	（旧法）文化芸術振興基本法（二〇〇一）	文化芸術基本法（二〇一七）
一項	一．文化芸術の振興に当たっては、文化芸術活動を行う者の自主性が十分に尊重されなければならない。	文化芸術に関する施策の推進に当たっては、文化芸術活動を行う者の自主性が十分に尊重されなければならない。
	二．文化芸術の振興に当たっては、文化芸術活動を行う者の創造性が十分に尊重されるとともに、その地位の向上が図られ、その能力が十分に発揮されるよう考慮されなければならない。	文化芸術に関する施策の推進に当たっては、文化芸術活動を行う者の創造性が十分に尊重されるとともに、その地位の向上が図られ、その能力が十分に発揮されるよう考慮されなければならない。
	三．文化芸術の振興に当たっては、文化芸術を創造し、享受することが人々の生まれながらの権利であることにかんがみ、国民がその居住する地域にかかわらず等しく、文化芸術を鑑賞し、これに参加し、又はこれを創造することができるような環境の整備が図られなければならない。	文化芸術に関する施策の推進に当たっては、文化芸術を創造し、享受することが人々の生まれながらの権利であることに鑑み、国民がその年齢、障害の有無、経済的な状況又は居住する地域にかかわらず等しく、文化芸術を鑑賞し、これに参加し、又はこれを創造することができるような環境の整備が図られなければならない。
	文化芸術の振興に当たっては、我が国において、文化芸術活動が活発に行われるような環境を醸成することを旨として文化芸術の発展が図られ、ひいては世界の文化芸術の発展に資するものであるよう考慮されなければならない。（表現の変更）	文化芸術に関する施策の推進に当たっては、我が国及び世界において文化芸術活動が活発に行われるような環境を醸成することを旨として文化芸術の発展が図られるよう考慮されなければならない。
	文化芸術の振興に当たっては、多様な文化芸術の保護及び発展が図られなければならない。	文化芸術に関する施策の推進に当たっては、多様な文化芸術の保護及び発展が図られなければならない。

	文化芸術の振興に当たっては、地域の人々により主体的に文化芸術活動が行われるよう配慮するとともに、各地域の歴史、風土等を反映した特色ある文化芸術の発展が図られなければならない。	文化芸術に関する施策の推進に当たっては、地域の人々により主体的に文化芸術活動が行われるよう配慮するとともに、各地域の歴史、風土等を反映した特色ある文化芸術の発展が図られなければならない。
	文化芸術の振興に当たっては、我が国の文化芸術が広く世界へ発信されるよう、文化芸術に係る国際的な交流及び貢献の推進が図られなければならない。	文化芸術に関する施策の推進に当たっては、我が国の文化芸術が広く世界へ発信されるよう、文化芸術に係る国際的な交流及び貢献の推進が図られなければならない。
		文化芸術に関する施策の推進に当たっては、乳幼児、児童、生徒等に対する文化芸術に関する教育の重要性に鑑み、学校等、文化芸術活動を行う団体（以下「文化芸術団体」という。）、家庭及び地域における活動の相互の連携が図られるよう配慮されなければならない。
	文化芸術の振興に当たっては、文化芸術活動を行う者その他広く国民の意見が反映されるよう十分配慮されなければならない。	文化芸術に関する施策の推進に当たっては、文化芸術活動を行う者その他広く国民の意見が反映されるよう十分配慮されなければならない。
		文化芸術に関する施策の推進に当たっては、文化芸術により生み出される様々な価値を文化芸術の継承、発展及び創造に活用することが重要であることに鑑み、文化芸術の固有の意義と価値を尊重しつつ、観光、まちづくり、国際交流、福祉、教育、産業その他の各関連分野における施策との有機的な連携が図られるよう配慮されなければならない。

第二条三項は、「文化芸術を創造し、享受することが人々の生まれながらの権利」であることを規定する条文であり、旧法ではそれが居住する地域によってその権利の保障に違いがあってはならないことを示したものであった。そこに、「その年齢、障害の有無、経済的な状況」が加えられた。これは実に大きな変更である。「居住する地域」の限定方法にも様々な解釈が考えられるが、一般的には地方分権を志向している現在の日本においては地域間における一定程度の平等性を目指すものと考えられる。実質様々な文化芸術に関する事業は圧倒的に東京都内に一極集中している状況がある。しかしながら、追記された部分が、社会における弱者といわれる人々を明示したことにより、「居住する地域」も地域のコミュニティ内における特性に応じた配慮を求めるようにも読めるようになった。

この社会的弱者明示の理由は文化事業を行う者に何を突きつけたか。これまで文化芸術に関する施策の推進を行ってきたのは、政府および地方自治体が主要な担い手であった（これ以降、まとめて記述する場合は「行政」とする）。後に詳述するが、これらの主要な担い手たる行政が文化施策として行ってきたことは、文化施設の建設とそこでの文化事業（公演、展覧会等の実施）があった。文化事業の展開も不十分であり自主事業の展開が積極的に主張されることもあったが、文化施設の利用者等が、そもそも文化に慣れ親しんだ限られた人たちを対象にしているのではないかという批判がなされるようになった。また文化施設の建設や事業運営方針それ自体が首長の意向が強く、それ自体が政治課題になることもあった。首長の意向が強ければ強いほど、政治的な争点になることもあった。それが目に見える形になるのが、二〇〇〇年代以降に顕著になる、地方自治体による様々な文化施設建設への地域住民による反対運動であり、また地方議会における文化施設運営費に関する問題提起があった。

行政は基本的に税金で運営されている。広く住民の福祉に資するような公の施設を設置することが求められている。地方自治体が住民の福祉の増進を進めるために、公共施設を造るのは地方自治法が根拠となっている。しかしながら、そこを利用する人たちや、その事業に集まる人たちは文化や芸術に慣れ親しんだ、それらを愛好する・支持する人たちであり、住民全体からすると限られた人だと考えられた。またそのような対立の状況を観察すると、地域内部での政治的志向や、価値観の違いが対立の背景にあることがわかる。少し乱暴な書き方になるが、好きな人たち（来られる人）が集まるだけの文化施設に公費を投入する必要があるのか、ということが突きつけられたということである。それぞれのジャンルを否定はしないものの、公費を投入して施設を建設したり、運営したりということになれば別である。さらに経済低迷時代に突入する中で、公共施設の再編も課題として捉えられるようになってきた。

実際、文化・芸術の分野は、多様なプロフェッショナルな芸術家と愛好家、そしてそのジャンルでの評価やトレンドが重要だと考えられており、その領域の中で高評価が得られることにこそ意味があると考えられている。誰が事業を運営するにしても、そのように考える。そして、行政区域に捕らわれない全国的な視点でそのフィールド（界）での芸術上のクオリティに関して高評価を得たいと考えているのが一般的であり、その公共文化施設が存在する行政区域の住民だけを対象とするとは考えていない。専門分化化が極まるほど、わかる人にわかってもらえればいいという意識へと傾きがちである。文化政策研究の領域においては、このような傾向は住民の啓蒙のために卓越した芸術と文化を分配する必要があると考えるエリート主義的な文化政策といわれ、まずはこの卓越した芸術をどのようにその地域で獲得していくかというところが重視されてきた。美術館を建設して泰西名画を購入して展覧会を開催する。水準の高い音楽ホールを建設して、海外から優れた演奏家を招聘する。地方自治体内部での住民一般のニーズあるいは評価と、日本あるいは世界におけるその美術品や展覧会、演奏家や公演の評価とが容易に一致するわけではないことから、芸術振興施策の継続それ自体の推進根拠も揺らぐことは否定できない。そこに地方自治体が新たに芸術振興という領域に乗り出す難しさが存在する。啓蒙にしても、準備が必要ということになるが、方法は卵が先か鶏が先かの議論になる。

したがって、結果的に文化施設は整備されたものの、おそらく無意識的だったということだが、文化施設へ物理的にも精神的にもアクセスできる人とできない人の格差が広がったということが明らかになったということがいえる。そして、行政が設置し運営する文化施設を必要としている人は誰なのかという視点からの見直しが始まった。基本理念に新たに年齢に依拠する属性を明記したことは、幼児、子ども、未成年者、高齢者等、自分一人では文化へアクセスできない人をも対象にしたことを意味する。障害者の文化施設へのハードルもハード面だけではなくソフト面に目を向けても決して低くない。さらには経済格差が拡大しているといわれる日本において文化が市場で出回っているだけでは文化へアクセスできない人たちもいるだろうし、精神的なバリアも高い。そのことに気づいたときに、行政が支援する公立文化施設がすべきこととは何かということに目が向けられるようになったということになろう。ちなみに二〇一七年には、障害者文化芸術推進法が制定されることにもなった。

日本の場合、これらの状況を多文化共生、多様な価値の理解という視点から、障害者や高齢者等、これまでに社会的弱者と考えられてきた人たちへの参加への拡張という文脈で捉えられてきており、その領域での取り組みが拡大してきていることは喜ばしい。そして、具体的な障害を少しずつ取り除いていけば、誰にとってもアクセスしやすくなるはずである。しかしながら、日本で意外と軽視されてきたのは、文化や芸術に関心を持たないという層への働きかけのように思われる。すでにヨーロッパ等、日本よりも先に近代的な文化施設が整備されてきた国においては、改めて鑑賞者・聴衆開発という点に目が注がれていることは付け加えておきたい。

(2) 文化政策における価値の再定義：文化の普遍性と固有性

さて基本理念への追記事項として着目したいのは一〇項である。「文化芸術に関する施策の推進に当たっては、文化芸術により生み出される様々な価値を文化芸術の継承、発展及び創造に活用することが重要であることに鑑み、文化芸術の固有の意義と価値を尊重しつつ、観光、まちづくり、国際交流、福祉、教育、産業その他の各関連分野における施策との有機的な連携が図られるよう配慮されなければならない」とある。この条文は二つの構成要素で成り立っている。まず、文化芸術に関する様々な価値の存在（捉え方）を提示したことと、それを活かす方法や分野を明示した部分である。

まず価値の側面である。条文で示される価値とは何か、そしてそもそも文化の様々な価値とは何か、なぜ文化芸術基本法に改正されることによって価値という文言が入れられるようになったのか、ということである。これは日本における文化領域への政策の正当性を巡る議論に結びつく。そして文化政策における正当性の問題を価値の側面から注目したのは、イギリスの文化政策領域のシンクタンクDemosから出されたホールデンによる議論が早かった（Holden, 2006）。ホールデンの記した「文化の価値と正当性の危機―民主的な委任の必要性」という論考では、イギリスにおいて政府レベルの支援においての混乱、そして地方自治体レベルの文化支援の極度な削減によって『文化システム』は正当性の危機に瀕している状況の原因が、文化専門家、政治家、政策立案者、一般市民の間の価値の乖離の問題であるとしたのである。

文化政策研究の領域においては、芸術や文化の支援に関して、かつて封建時代に王や貴族がパトロンとなって芸術を支援してきた歴史を近代国家以降も政府が中心的に担い続けてきた中央ヨーロッパ型の方法と、そもそも政府に頼らず民間からの支援を引きだす制度を編み出してきたアメリカの方法があるとされてきた。イギリスは、文化政策の方法を中央ヨーロッパ型、アメリカ型のどちらにも与せずに、独自の文化政策の方法を考案しようとしてきた。ホールデンは、政策における政策選択の正当性においては、何らかの価値が目指されていることに着目をした。それをホールデンは、内在的価値、手段的価値、機関的（制度的）価値に注目した。イギリスはさらに、芸術文化・人文学研究会議において「文化的価値プロジェクト」を推進して、二〇一六年に「芸術・文化の価値を理解する」という報告書を出した。この報告書では、「文化的価値に関する議論は、公的資金を保護し、政策に影響を与えたいという願望によってさらに歪められてきた」が、芸術と文化への公的資金提供に対する擁護文書として意図されたものではないが、それを主張する人たちは、この文書が大いに役立つだろうとしている。このような潮流の中で、日本も文化の予算等が劇的には伸びない状況の下で、政策実現においてこのような考え方を導入した。

たしかに一般的に、文化は贅沢品、あるいは経済的に余裕がある人の娯楽や趣味といったとり方をする人もいれば、まったく関心がないという人もいる。そうかと思えば自らのアイデンティティ、あるいは広い意味で生きていく上での自己表現として不可欠なものとする人もいる。これほどまでに真逆の、矛盾するともいえる内容を包含しているのが文化・芸術である。とはいえ文化を手段として活かすことができる領域があり、そこにおいて文化が果たす役割を理解してもらうことによって、文化の政策を拡張していくという方向性が示されたのが第二条一〇項の後段に位置づけられている。そのことを考えてみるために、もう一度改正の意味、とくに名称を変更したという点に戻ってみたい。

(3) 縦割り行政に横串を刺すことの意味

文化芸術基本法の前の法律は文化芸術振興基本法であり、文化の「振興」を主軸に置いた法律だった。文部省設置法において文化振興を行う部署として文化庁が設置されたのが一九六八年であるが、文化振興を行うことを根拠づける法律がないことは問題になっていた。したがって二〇〇〇年の省庁再編時に、文化振興のための根拠法を持つことは担当官庁とすれば重要な目標であったはずである。議員立法で制定された法律ではあるが、実際、文化芸術振興基本法の時から現在に至るまで、文化芸術に関する施策を並べた法律第二章は、大半は文化庁、そして一部他省庁が行ってきた文化芸術関連の施策に過ぎない。とはいえ、各省庁は、それぞれの主要なミッションがある。国土交通省であれば、建設、交通、観光、経済産業省であれば産業振興、厚生労働省であれば福祉といったように、明確に担当分野が規定されている。近年、子ども家庭庁という新しい庁が設置された。これは、子どもを扱う領域が、様々な省庁に分散されていると一元的に政策を推進しにくいことから、より効果的な政策推進のために内閣府の外局として設置された。文化も、一元的な推進こそ効果を発揮できると考えられてきた。

それでは文化芸術基本法の目的は何か。第一条の目的をみると、「文化芸術が人間に多くの恵沢をもたらすものであることに鑑み、文化芸術に関する施策に関し、基本理念を定め、並びに国及び地方公共団体の責務等を明らかにするとともに、文化芸術に関する施策の基本となる事項を定めることにより、文化芸術に関する活動(以下「文化芸術活動」という。)を行う者(文化芸術活動を行う団体を含む。以下同じ。）の自主的な活動の促進を旨として、文化芸術に関する施策の総合的かつ計画的な推進を図り、もって心豊かな国民生活及び活力ある社会の実現に寄与することを目的とする」とある。法律言語（言い回し）とすれば一般的であるが、けっしてわかりやすいとはいえない。因数分解すれば以下のようになるだろうか。（1）文化芸術は人間に多くの恵沢をもたらす、（2）（だからこそ）文化芸術に関する施策を行う、（3）そのためにはそれを行うための基本理念を定める、（4）（それを推進する主体となる）国および地方公共団体の責務を明らかにする、（5）文化芸術に関する施策の基本となる事項を定める、（6）文化芸術活動の自主的な活動の促進を重んじる、（7）文化芸術に関する施策の総合的・計画的推進を図る、（8）そのことを通じて豊かな国民生活及び活力ある社会の実現に寄与する。最終的な目的は（8）に相当するといってよいだろう。文化振興や文化財保護が最終の目的ではなく、これらは豊かな国民生活及び活力ある社会の実現に寄与するための方法であり、手段であるということである。

（8）を達成するための様々な施策の中で、文化庁のみで実現できるものはむしろ限られている。それぞれの地域で文化を大事にし、継承し、また創造的な活動を支援していくことは、それぞれの地方自治体の役割が圧倒的に重要になる。地方自治体を統括するのは総務省である。文化の普及で大きな役割を果たすのは産業化による普及・振興であり、それを担うのは経済産業省である。かつての陶磁器産業・工芸産業を担っていたのは経済産業省の前身である工部省である。また、現在地域の土産物として有名な伝統工芸品も工部省の寒冷地域対策の一環として推進されたものもある。ある地域の文化に触れるきっかけとなるのは一般には観光を通じてということが多い。観光は、国土交通省の外局である観光庁である。機能的なまちづくりを志向したとしても、その土地の特有や個性といった文化性はいまや必須の構成要素である。各地域の独自の文化を活かしたまちづくりの主要な担い手であり、支え手は地方自治体である。

文化・芸術の施策は様々な省庁の専門性を活かして担われてこそ、広くいきわたり目的を達成することができると考えられてきており、それが法律の条文として結実したものである。限られた予算で推移してきている文化庁予算に、国際観光旅客税による収入が追加され、その使途に「地域固有の文化、自然等を活用した観光資源の整備等」が加えられていることは、文化を活かした観光による地域創生へと広がりをみせている。もちろん施策や事業が本当に効果を上げているかどうかは運用上の問題となるかもしれないが、観光産業領域において文化を観光の対象としてこなかった日本においては「観光の文化化」が起きているといえる。現在、文化庁が司令塔としての役割を十分に担えているかどうかは別としても、文化庁を拠点にこれらを繋げる仕組みを作り上げたといえる。もちろん司令塔の役割とともに、他の省庁では担えない自らの基本的なミッションの遂行は重視しているはずである。

実際に、文化の発展に必要なことは何かということを考えた場合、文化のエコシステム（生態系）が捉え返されてきたといえる。保護されるに値する文化も、最初に誰かが創り出したわけであり、それを伝えて、広く普及して受容し、場合によって発展させて、その価値を遺して未来に繋げていく、それを経済的に支えた仕組みも含めて循環作用が連綿と起きていたはずである。それらの作用をそれぞれの省庁で担っていくためには、各省庁の専門性を活かすために文化という共通のテーマを提供して推進していく必要があったということになる。

3　地方自治体の文化行政の事例と現代的課題

(1)　地方自治体と文化行政

先に示した省庁間の連携による文化振興の推進の問題に早くから取り組んできたのは地方自治体である。日本は地方分権一括法を整備した一九九九年以降、中央政府と地方自治体の関係が大きく変化した。そもそも文化領域は、教育委員会が文化財保護分野を担い、文化・芸術振興という領域を手がけるかどうかは地方自治体の自治事務という領域に属していた。とりわけ先に記した文化芸術を振興する法律がそれ以前にはなく、法律の空白領域であった時代、文化を担うかどうかは地方自治体の自由な選択ということであった。一九八〇年代、地方自治体が文化行政という領域を論じるようになるのは、地方分権化を睨んだ、自治体行政のあり方を模索した時代とも重なっていた。当時は地方の時代ということがいわれたこともある。分権化による地方行政の自立的な運営についての議論が行われる中で、国、広域自治体の都道府県、基礎自治体の市町村が、行政サービスの何をどのように担っていくべきかということが議論された時代でもあった。

それが爆発的な機運となって文化ホール建設へと邁進するのは一九八〇年代からのことである。

折しも先にも触れたように内閣府による国民世論調査によって「物の豊かさよりも心豊かさを重視するという回答結果が上回り、一九七九年には当時の大平総理大臣が国会の施政方針演説において「文化の時代」の到来を宣言した。「文化の時代」を象徴する公の施設としていわゆるホール機能を備えた文化施設が爆発的に建設されることになった。東京都内においても同様の状況が進行した。地域の魅力を高める、あるいは地域における文化活動の拠点を整備するという目的で、文化ホール建設が進んだ。東京都内の場合はそもそも人口が増え続けてきた上に、プロ・セミプロ・アマを問わず様々な文化活動を行っている団体が集中している。それらの施設建設は都内の文化活動の活発化を支える重要なインフラとなった。文化行政は文化ホール建設と同義だった。東京都内は、公共交通機関での移動で行政区域を跨いで活動をしている団体や人がほとんどであるので、造れば使う団体や人がいるという状況にあったといえる。しかしながら、各自治体がそれぞれに文化施設を同じ時期に建設していることから、老朽化対応などで休館する時期が集中し調整しないために、活動している団体や人がさまよう状況が起きているにもかかわらず、それに対応できないという状況も起きたことがあるくらいである。

（2）東京都武蔵野市の文化施設建設と文化行政

ここでは武蔵野市の事例を取りあげて、まちづくりとして行われて来た公共施設建設が、文化行政になっていた経緯をみることにする。武蔵野市は、文化振興の方針をもつことなく、先行的に文化施設建設をまちづくりに活かしながら、結果的に文化振興の基盤を整備してきた。東京都下の区市町村においては、先行的に文化施設建設を行ってきたこともあり、現在は施設の老朽化等に対応することが課題になっており、文化行政にどのように取り組むべきかについては停滞した状況にある。このことは自治体文化行政の評価方法や指針、そして継続方法に関する課題を投げかける。

武蔵野市は、東京都二三区と接し東西六・四キロ、南北三・一キロ、平坦な土地であり郊外住宅都市として発展し、二〇二二年現在一四万四〇〇〇人の人口を擁する。市の中心部の現在市役所に隣接する都立武蔵野中央公園には、戦時中に中嶋飛行機武蔵野工場があったことから、空襲を受けたこともある。東京都を東西に結ぶ主要路線であるJR中央線の駅を三つ（西から、吉祥寺駅、三鷹駅、武蔵境駅）擁し、また私鉄の京王井の頭線が渋谷と吉祥寺を繋ぎ、二三区外の駅では乗降客多い地域である。また劇団前進座が劇団創設時の戦前から吉祥寺地区に本拠地を置き、劇場を建設して活動をしてきた（劇場は、二〇一三年に閉館）。また市内に立地する亜細亜大学、成蹊大学、日本獣医生命科学大学、市境に立地する東京女子大学、武蔵野大学と五大学と連携していることが要因であるのか、大学教員が多く居住する。さらに数値等を示すことや具体的な調査があるわけではないが、文化・芸能・制作活動をしている人たちが一定数居住しており、著名人も多い。市民の政治や市政への関心が高い土地柄であり、住民参加のまちづくりが推進されてきた。その最たるものが、長期計画の策定である。武蔵野市の長期計画の策定は昭和四六年から始まり、外部のコンサルタント等に委託することなく市民と行政職員が協力して策定し、議会に対する質疑応答、他の市民に対する地区別・業界別ヒヤリングも市民が担う。一九七〇年代から、様々な行政計画に参加してもらい、そしてコミュニティセンターの運営を担ってもらうことなどを含めて、市民自治のための制度を整えてきた。首長のリーダーシップと行政職員の協働により、全国に先駆けた事業を展開する自治体として一時期は注目もされた。

武蔵野市のウェブサイトにおける概要説明

「市内には芸術家や事業家・学者などが多数居住しています。市民の意識も高く、水準の高い行政が求められることと、堅固な財政基盤を背景に、全国でも指折りの先駆的な施策を展開してきました。例えば、元祖コミュニティバス「ムーバス」、地域のかたが年間1000万円を上限とした補助を得てデイサービスなどを展開するテンミリオンハウス、農山漁村と協力し子どもたちが授業の一環として自然体験をするセカンドスクール、0歳から3歳の子育て支援施設である「0123吉祥寺・はらっぱ」などがあります」（武蔵野市公式ウェブサイト）

武蔵野市は集会施設としての公会堂を吉祥寺地区に設置したのが、一九六四年で、その後次々と文化関連施設を整備してきた。小さな市域でありながらも、市内の地域バランスを考えながら、公共文化施設を建設してきた。この頃の地方自治体は行政サービスを住民に提供する場合に、利便性とコミュニティの平等性を考えて、地域バランスに配慮しながら施設を配備する傾向があった。たとえば、社会教育施設としての公民館や、自治省系のコミュニティーセンター（通称、コミセン）、そして中央図書館と分館等の設置が住民自治の育成という視点を持ちながら、その傾向が強かった。武蔵野市の場合は、一九七〇年代から地区ごとに会議室、多目的室、調理室等を中心とした住民自治によるコミュニティセンターを一六館整備してきた。これらに加えてホール機能をもった文化施設の整備も、地域バランスで配備してきた。なお、武蔵野市内には社会教育施設としての公民館は存在しないところも市の特徴といえる。

武蔵野公会堂は、三五〇席の固定客席数で、舞台袖も狭く、搬入口も最低限の間口で大きな段差もあるなど舞台公演を想定したわけではないことは明らかである。また客席に外光が入り込み、防音も十分ではないことから、集団で行う舞台公演等を行うというよりも、講演や集会の使われることを想定していたはずである。しかしながら、乗降客の多い吉祥寺地区の商業地域に隣接している上、間近に井の頭公園が控える立地条件から、集客を考えた公演活動を行う人たちへの利便性は高く、いつの間にか市民の文化活動の中心的存在になっていた。それに対して、本格的な文化施設として建設されたのが、借地である旧市役所跡地に設置された武蔵野市民文化会館（一九八四年）であり、大ホール、パイプオルガン付きの音響性能が高い小ホール、練習室、ギャラリー、茶室も備える総合文化施設を設置した。パイプオルガン付きの小ホールになったのは地域で活動する合唱団が要望をしたという記録がある。そして一九八八年には、武蔵野市民芸術文化協会が発足、さらに同じ年に、そのパイプオルガンを活用した専門性の高い武蔵野国際オルガンコンクールが開始され、二〇二三年には第九回を数えた。その後に地方自治体で開催されるコンクール事業の走りでもある。一九八〇年代、文化ホール建設とともに、その施設を活用して芸術振興の一環としてコンクール事業や音楽祭を開催することが広がりをみせた。

また同じ年に、三鷹駅に近接するところに固定席を有する小劇場と平場の小ホールで構成される武蔵野芸能劇場を開設した。芸能劇場となったのは、当時江戸糸あやつり人形結城座が武蔵野市内を本拠地にしていたことがあった。江戸糸あやつり人形結城座は、いまは東京都の無形文化財に指定されている上、一九九六年には文化財保護法上の「記録作成等の措置を講ずべき無形の民俗文化財」となっている。武蔵野市議川名ゆうじ氏のブログによれば「公共施設とは思えない外観は、古典芸能のためであり、その中心は、三八〇年を超える歴史を持ち東京都無形文化財にも指定されている江戸糸あやつり人形劇団「結城座」が小劇場（三階）を年間一八〇日優先利用できる施設、つまりは、一年の約半分を優先利用できるという優遇を受けた「結城座」のために開設された」施設であった。当時とすれば民間芸能団体に優先使用を認める、公共施設としては新しいあり方を模索したもので先進的だったが、結果的には結城座が施設開設後に拠点を移転することになったことから運営方法も変わる。

そして武蔵境駅の再開発の一環でスイングホールが、可動式の座席一八〇席を備えたイベントホールとして設置されたのが一九九六年である。また二〇〇二年には、一般財団法人武蔵野市開発公社が所有する商業ビルの最上階を活用した小規模な吉祥寺美術館（収蔵スペースはもたず、市外の倉庫を借用して収蔵）を開設した。二〇〇五年には吉祥寺地区の風俗街の浄化を目的とした、舞台公演を中心とした吉祥寺シアターが開設される。現在吉祥寺シアターが立地する場所は吉祥寺イーストエリアという呼び名が付けられているが、かつては「近鉄裏」という名称で呼ばれ（現在ヨドバシカメラがある場所に近鉄百貨店があったことがある）、風俗街などが形成され、客引きなどがいることから、子どもたちが近寄れない悪場所とされていた。武蔵野市は、一九八七年にこのエリアの北端に吉祥寺図書館を開設して浄化のための一歩を歩みだしていた。風俗街などは、都市計画法上の保全対象施設の距離規制を受けるからである。吉祥寺は、民間の力で演劇の街として発展した下北沢とも京王井の頭線で近接することから、演劇振興においても一定の役割を果たすことになった。

二〇一一年には武蔵境駅前に、図書・情報・市民活動支援・青少年支援を集結させた新しいタイプの文化施設武蔵野プレイスを開館させた。武蔵野市の文化施設建設が、地域のまちづくりや文化振興以外の目的と連動して設置されてきたことは明らかである。むしろ純粋に芸術振興を目的としたのは、武蔵野市民文化会館、吉祥寺美術館といえ、多様な文化施設を公の施設として建設することによって、住民の福祉の増進につなげる施策をとってきたのが武蔵野市の文化施設建設施策であった。そして、これらすべての施設を管理運営してきたのが旧・武蔵野文化事業団、現在の武蔵野文化生涯学習事業団である。

武蔵野市は都内二三区からのアクセスも良いことから、自らの招聘力に加えて、地の利の良さという資源を活かし、海外からのアーティスト招聘に相乗りすることによって低廉に質の高い公演事業を提供してきた。また、友の会を通じたマーケティング手法を取り入れることによって、常に一〇〇%に近い集客を図った。そのことは「クラシックの音楽会を中心に年間一〇〇本に及ぶ主催公演を実現。アンケート調査により会員が希望する音楽会を手頃なチケット価格で提供。独自招聘による海外アーティストや新進演奏家の紹介も行うなど、都市近郊の立地を活かした音楽会が身近に楽しめる環境づくりに尽力した」として地域創造大賞を受賞したこともある。また、テレビの収録などに利用されることもある。後発の吉祥寺シアターも、主催事業はそれほど多くはないものの、利便性も相俟ってプロの劇団の劇場への貸し館ではあるが、共催・協力関係を保ちながら特色を明確に打ち出すことができている公立文化施設としては珍しいタイプのものであるといえよう。これら文化施設を活用しながらまちを更新することが実現できた背景には、東京都内の中でも地の利の良さとともに武蔵野市の財政力ということがある。武蔵野市は戦後一貫して地方交付税の不交付団体である。

(3) 課題の顕在化

このような安定的な状況が続く中で、文化行政・文化政策という視点がないことに目が向けられるようになってきた。まずは、文化施設の管理運営や事業を担ってきた武蔵野文化事業団である。「武蔵野市財政援助出資団体に対する指導監督の基本方針」（二〇〇九年二月改正）は、市が財政援助出資団体に対して健全な経営を指導監督するためのものであり、「武蔵野市行財政改革アクションプラン」に位置づけられていた。これに基づき「財政援助出資団体毎に経営改革プラン」（二〇一〇～二〇一二年度）が改訂された。武蔵野文化事業団はこのプランにおいて、「団体は組織の目的・目標を明確化し、それらが適正に果たされているかを毎年評価し、目的・目標の達成に向けて効果的かつ効率的な事業実施を行うとともに、事務事業の不断の見直しを行う」ことが求められた。

さらに、二〇一四年に武蔵野市民文化会館の改修基本計画の発表がなされたときの、一部市民からの意見表明だった。当時発表された金額もそれなりに注目されたが、むしろ市民が問題にしたのは老朽化が激しい公会堂の改修こそが先ではないかという問題提起であった。武蔵野公会堂の立地は吉祥寺駅周辺のまちづくりの中心に位置づけられるものであり、これまでの経緯で市民文化活動の中心的な施設であることは間違いないが、おそらく市は公会堂を先に、あるいは文化施設としての役割を持っているという認識は持っていなかったのではないかと思う。さらに、吉祥寺のまちづくりの将来像を検討する上で、市が所有する土地の上に立つ公会堂を単体で建て替えをする方向性は決定できない事情があった。そのような複雑な事情は市民側に公表できるものではなく、公会堂の改修を議論する中で明らかにされてきた。

また、長らく続いてきた武蔵野国際オルガンコンクール（以後、オルガンコンクール）に対する市からの運営費の打ち切りも持ち上がった。具体的に顕在化するのは二〇一八年度であった。オルガンコンクールは、優れた芸術家の登竜門として国際的に、専門家や業界にも認知されてきており、文化ホールの特色であるパイプオルガンを活かす武蔵野市の芸術振興の要的な事業として展開してきた。それにも関わらず、市内での認知度や参加度が低いことが問題になっていた。市内での認知度の低さは当然自治体側とすれば打ち切りの根拠になる。一般にこのような状況が起きると、支援を継続しない地方自治体の文化への無理解度が取りあげられるが、運営側にも問題がなかったわけではない。そもそも日本においてパイプオルガンは、ピアノや吹奏楽系の楽器とは異なり、一般に親しまれているとはいえない。それゆえに専門的に閉じたコンクールになっていた。後発の地方自治体が関与してきたコンクールや教育音楽祭などが、地域住民で支える仕組みを整えながら自治体支援を継続させてきたことからすれば、そのような仕組みを整えることの必要性が認識される前に始まっていたもので、旧態依然とした運営であった。さらに付け加えれば、初期に運営に係わっていた専門団体が途中から運営できなくなり、運営の主体が武蔵野文化事業団に代わることで、運営に手一杯ということもあったと考えられる。

これまでに文化行政に関する方針を持たずに行われてきた、公共施設運営と事業に対して、文化政策としての方針の明確化や検討の必要性が迫られることになった。さらに、財政力の高い自治体の独自の取り組みは自治事務ゆえに、文化の権利を認めながら施策を進めようとする国の基本方針とも別次元にあるようでもあった。さらに、市民自治を市の特徴する自治体であるにも関わらず、文化施策領域は、市民は施設を利用するだけの、あくまでも客体的な存在だったというところにも、課題があったといえる。なお、例外的な事例として二〇一七年に始まった武蔵野アール・ブリュットがある。東京二〇二〇に向けた文化イベントとして当時の市長が発案したものだが、市内の福祉・芸術・教育関係者らが行政と連携し、アートを通じた共生社会の実現をめざす取り組みとして現在も継続している。

（4）文化振興基本方針の策定

前後する部分もあるが、このような最中に策定されることになったのが文化振興基本方針である。市は、二〇一六年度に、一八歳以上の市民二〇〇〇人を対象とした「文化に関する市民アンケート調査」を行い（回収率三七・九パーセント）、また同年、近隣自治体（杉並区、練馬区、三鷹市、小金井市、国分寺市、国立市、西東京市）の一六歳以上を対象としたウェブモニター調査を行い、八二四件の回答を得た。その調査を元に、二〇一七年に入るとはじめて文化振興に関する方針を定める委員会を発足させて、文化振興基本方針を策定する準備に入った。委員会は八回開催され、文化施策に対する評価及び課題、文化に関する施策の方向性やあり方についての議論を経た後、中間報告案を作成した。さらにパブリックコメントでは四七件の意見が集まり、二〇一八年一一月に「武蔵野市文化振興基本方針」が策定された。

武蔵野市文化振興基本方針の文化

芸術文化	人間の感性を豊かにする知的かつ創造的な表現、伝統的に受け継がれてきたもの、生活に根ざしたもの、新しい表現など多様な領域を含むもの
都市文化	市民文化を土台に形成された武蔵野市に特徴的づけるもの
市民文化	市民生活全般にかかわる有形無形の活動の集積として生まれる成果

武蔵野市では、文化を、芸術文化、都市文化、市民文化と分類した上で、あえて文化芸術基本法における「文化芸術」という用語を使わず、独自の定義づけを行っている。とりわけ、市民文化は、市民自治を基本に置いた武蔵野市のまちづくり全体に通底する営為を現しているという意味で重要な意味を持つ上、それを基盤として形成されてきた特徴を都市文化と呼ぶことになった。その上で、方針策定の目的を以下のようにまとめている。

本市においては、これまで、市民の自発的なコミュニティ活動が行われ、様々な場面で市民の力や地域コミュニティの力が発揮され、市民文化が発展を遂げてきました。また、市全体では、このような市民文化によって、落ち着いた街並み、身近に緑・文化・芸術に親しめる空間、徒歩で回遊可能な商業地が形成され、成熟したまちのイメージを誇る都市文化が醸成されてきました。このようにして形成されてきた市民文化・都市文化を、本市は芸術文化の振興により、さらにまちの魅力として高めていこうと考えました。

これまで曖昧だった施設の文化施設としての位置づけとともに、「財政援助出資団体毎に経営改革プラン」で指摘されていた事業団の役割を明確化した。一部局の施策・事業という位置づけではなく、これまでのまちづくりの成果として文化振興の役割を果たしてきた施設や事業を明らかにしながら、これらの施設の機能を未来のまちづくりに組み込んでいくための考え方が書かれたものである。

二〇一八年から一〇年間を見据えた目標は「いつでも誰もが芸術文化にふれることができ　ころ豊かに暮らせるまち　武蔵野市」として五つの基本方針をまとめた。

方針一、誰もが芸術文化を享受できる機会をつくります
方針二、芸術文化を身近に体験、活動、交流できる機会をつくります
方針三、地域の芸術文化資源を活用し、それを活かすまちにします
方針四、市民、民間企業、ＮＰＯ、専門家、行政等の文化振興のための連携をすすめます
方針五、将来の武蔵野市の芸術文化のあり方を考えていく機会を提供します

そしてこれらの方針を推進していくために、以下のことが行われることになった。一、連携のための体制づくり、二、文化事業団の機能の拡充、三、これからの文化施設が担うべき役割と必要な機能に向けた展開、四、方針に照らした事業等の評価である。

その後、二〇二〇年からは「文化施設のあり方検討委員会」が開催され、これまでに建設されてきた文化施設を近隣市町村の公立文化施設の開設年との比較も含めて位置付けをしながら、また国の動向などを鑑み、「これからの文化施設に求められる機能と当面の文化施設等の活用について」をまとめた。「文化施設のあり方検討委員会報告書」は、実質、武蔵野公会堂を文化施設として位置付け、改修の方向性を担保するために必要なプロセスであった。さらにこの最終的な方向性を受けて、二〇二二年から「武蔵野公会堂の改修等に関する有識者会議」が開催され将来の当該地域でのまちづくりを視野に入れた改修を行う方向性が示され、二〇二三年には改修等工事の設計業務を公募型プロポーザルによって決定する方向性が示された。参加表明数は三一事業者、提案書提出事業者は三〇、一次通過事業者は六となり、公開型のプレゼンテーションを行い、一事業者に決定した。問題提起がなされてから実に一〇年がかかった上で、ようやく次のステップを踏み出せた状態といえる。

武蔵野文化事業団は、二〇二二年四月に、図書館や体育館の運営を行っていた武蔵野生涯学習振興事業団と合併して、武蔵野文化生涯学習事業団となった。この合併が機能強化につながっているかは今後の評価に委ねられることになる。

オルガンコンクールについては、事業団と専門家の協力による積極的な事業展開によって、コロナ禍で延期された二〇二三年第九回目の国際コンクールは、様変わりしたといってよい。市内での認知度を上げるためのパイプオルガン関連事業を定期的に、地道に開催することによって、オルガンコンクールへの機運を高めていった。この取り組みは現在も続いている。おそらく専門家も自治体からの支援を引きだしながら事業を展開していく上で、自らの専門性を最大限に活かしながら、市民からの理解を得る必要性が認識されたのではないかと思う。また事業団の側としても生き残りをかけた存在意義証明をしなければならない状況にある中で、何が自分の強みになるかを考えるきっかけとなったはずである。財政援助出資団体については、自治体文化行政の実施において重要な役割を果たすものであるが、指定管理者制度の導入によって難しい立場に立たされてきた。この問題は改めて扱いたいと考えている。

4　おわりに

本稿においては現代における文化政策の根拠が、文化権概念の普及、そして文化芸術振興基本法から文化芸術基本法の改正に至るまでの間の社会変化に伴う基本理念の強化という点に着目し、文化の位置付けが変化してきたことを明らかにした。また、それを実現していく上で、部局間横断的な施策実施の方向性が示されていることをみた。そしてこれまでに公立文化施設を建設しながら、住民の福祉に資する行政サービスや事業を提供してきた自治体が、具体的にどのような問題に直面しているかについて考察した。その上で、継続的に行うことによって文化振興の成果が上がると考えられる文化行政領域において、どのように継続性を担保していくのかということを考えさせられるのが武蔵野市の事例である。補助事業などが行われる場合にベスト・プラクティスや成功事例などが提示されるが、結局は地域のあらゆる資源を活用しながら、文化振興の方法ややり方を自治体なりに十分に検討して答えを出していくということなのではないか。計画を策定して数値で評価していくことも重要であるが、結果だけではなく文化振興を問い返しながら、それをどのようにより良い解を求めてプロセスや方法を改善していけるかということが地方自治体が行うことができる文化行政なのではないかと思う。

参考文献

小林真理『文化権の確立に向けて―文化振興法の国際比較と日本の現実』（勁草書房、二〇〇四年）
小林真理、小島立、土屋正臣、中村美帆『法から学ぶ文化政策』（有斐閣、二〇二一年）
河島伸子、小林真理、土屋正臣『新時代のミュージアム』（ミネルヴァ書房、二〇二〇年）
John Holden, *"Cultural Value and Crisis of Legitimacy-Why culture needs a democratic mandate"*, Demos, 2006.
Geoffrey Crossick & Patrycja Kaszynska, The Arts and Humanities Research Council Cultural Value Project "Understanding the value of arts & culture-", 2014. 邦訳、中村美亜『芸術文化の価値とは何か』（水曜社、二〇二二年）。

武蔵野市公式ウェブサイト
武蔵野市都市開発部、「吉祥寺まちづくりの歩み」、一九九二年。
「武蔵野市文化振興基本方針」、二〇一八

第二章　多様性と境界に向き合う
――アートマネジメントの視点から――

長津結一郎

1　勝手に線を引いていたのは自分だった

この章では「多様性」と「境界」、あるいは「社会包摂」と「芸術」というテーマについて、とくに障害者福祉とアートとの関わりについて考えていくが、はじめに、すこし個人的な体験を振り返ることから始めたい。

そもそも筆者がこの分野に関わるようになったきっかけは高校時代にさかのぼる。当時、高校の部活でオーケストラ部に所属し、現役生やOB生とともに演奏会をつくったりしていた。さらにその傍ら、一般の吹奏楽団やオーケストラにも所属しており、まさに、音楽漬けの高校生活だった。当時は楽器演奏で大学に行けたらという思いも淡く抱いていたが、実際のスキルなどを考えるとその方向で良いのかどうかは悩ましい状況にあった。思えばそのころから、音楽の演奏ではなくマネジメントのほうに関心が向いていたのではないかと思う。

ある日、一般の吹奏楽団の一員として公民館での演奏会に参加した際、近隣に住む知的障害のある方々や、近隣の福祉施設の方々が多く来場していた。演奏中、彼らは客席にいながら動いたり、声を出したりしていたように記憶している。だが、「うるさいからやめなさい」と誰かが注意することもなく、その地域の人たちも特に気にする様子もなく、その場全体が何となく受け入れ合っているような時間が流れていたのだ。

そのとき、ああ、勝手に線を引いていたのは自分自身だ、と感じた。

当時の自分は、正直に言うと、「静かに聞いてほしい」「うるさいなあ」と思っていた。クラシック音楽を長年やっていたことで、「演奏は静かに聴いてもらうものだ」という考えがどこかにあったのだと思う。その後、その楽団に誘ってくれた先輩たちと話すなかで、そうした考え方のままでは、自分の好きな音楽が多くの人に届かないのではないか、と考えるようになり、もっと多様な場所で音楽の面白さを伝えたいと考えるようになった。

日本でアートマネジメント教育が行われるようになったのは一九九〇年代ごろからであるが、筆者は東京藝術大学音楽学部に二〇〇二年に新設された音楽環境創造科に入学し、どのような教育プログラムが日本のアートマネジメント教育に求められるのか、というある種の模索が行われてきた時期に、大学でのアートマネジメント教育を受けていた。音楽環境創造科を志望する際の理由書に筆者は、ここまで書いてきたような経験を稚拙に綴りつつ、「社会に音楽を演出したい」と書いた。何とも恥ずかしいハッタリのようにも思えるが、これはこれであながち大きく間違い

図1　社会包摂についての図（文化庁×九州大学共同研究チーム 2021）

でもなく、今でもこういうことをやっている気がするな、というふうにも思える。実際、その後大学院を修了した私は、いくつかの現場や研究機関を経て大学教員となった今でも、その延長線上にいるのだと感じることがある。音楽や芸術そのものを深めたいというより、その面白さや価値を社会に伝え、それを通して何かしらの社会の変化を生み出したい、と感じる。それが、芸術と社会の「つなぎ手」としてのアートマネジメントの役割だからだ。

　このようなトピックを筆者は、特に「社会包摂」という観点から考えてきた。文化庁と九州大学との共同研究のチームに加えていただいた際に、同じく文化政策を研究する先輩教員の中村美亜さん（九州大学大学院芸術工学研究院教授）らと議論して作った「社会包摂」に関する3つの図がある（図1）。

　多様性に溢れる社会の中で、境界線をどのように引くか。

　マイノリティを排除する社会が望ましくないということは、多くの読者に同意いただけるだろうと思う。しかし実際のところ、多様な存在をどのように社会の一員として共にいられるようにするのか。往々にして、社会包摂的な取り組みは、マジョリティの社会に対してマイノリティを包摂するという方向に動く。しかし、それではマイノリティの人たちを既存の社会に入れてあげるという構図になってしまい、マイノリティの人にとってみれば、不十分な参加になることが否めない。「入れてあげる」ということではなく、どのように共にいられるのか。そしてその際にどのような境界線を引いていくのか。このようなことを考えながら、本章では障害とアートについて考えていきたい。

2　障害とアートをめぐる法的基盤

(1) 文化政策と福祉政策の側面から

障害者福祉とアートに関する文化政策的な側面からの概説を試みようとすると、ここ十年強の法的基盤の変遷とともに急速に振興が進んできていることがわかる。

障害者福祉の分野では、芸術活動が持つ意義は長年にわたって認識されてきた。例えば、一九九五年内閣府が策定した「障害者プラン」では、芸術文化活動が自己肯定感の向上、自己実現の機会、余暇活動など、いわゆるクオリティ・オブ・ライフ（QOL）の向上にとって重要であると位置づけられている。その後も障害者基本計画などの福祉政策において、芸術活動の振興が支援の一環として重視されるようになった。二〇〇一年には、国連の「障害者の十年」に合わせて国際障害者交流センター（ビッグ・アイ）が大阪に設置され、また二〇〇一年より実施されてきた全国障害者芸術文化祭は二〇一二年度より国民文化祭と統合され、二〇一七年度からは会期も同一に開催されるようになってきた。

一方、文化政策的な観点から福祉について考える上で重要な法律のひとつが、二〇一二年に制定された「劇場、音楽堂等の活性化に関する法律」（通称「劇場法」）だ。ここでは文化施設が「新しい広場」として位置付けられるとともに、その果たす社会的役割として「社会包摂」がうたわれ、二〇一三年に発出された「劇場、音楽堂等の事業の活性化のための取組に関する指針」においては劇場や音楽堂等の文化施設が「社会参加の機会を開く社会包摂の機能を有する基盤として、常に活力ある社会を構築するための大きな役割を担っている」と明記されている。公立文化施設に対して読者にとっては、文化愛好者が集まる場や、音楽やダンス教室の発表会をする場所、あるいは学校教育や部活動の発表を行う場所、といったイメージが抱かれているのではないだろうか。しかし、文化施設に期待されているのはもう少し異なり、さまざまな人たちが共にいられるための場としての側面が、この法で提起されている。

余談にはなるが、筆者は二〇二三年にイギリスに行く機会があり、いくつかの劇場を見て回ることができた。その際に、この法律が「新しい広場」と言っている意味やその文脈が、日本とまったく違うことを痛感した。劇場のロビーにはお腹を出してビールを飲んでいる人がいて驚かされたり、必ずしも演劇や音楽を見に来たわけではなさそうな人たちがたむろしていた。また劇場の中も飲み物が持ち込み自由で、さながら映画館のように、お酒やお菓子をつまみながら観劇している様子を見ることができた。この場所では文化施設の役割として「公演を見に来る場所」という意味だけではなく、多様な人々が交流し、日常を過ごす場所であるという考え方が浸透しているのかもしれない、と感じることができた。

このような「新しい広場」としての雰囲気や気質を求めるような考え方は、いまだ大多数というわけではないが、日本においてもいくつかの先進的な文化施設では取り組みが進んでいる。またその一方で、この法律ができてから約十年が経過した現在において、劇場はどう変わったのかという点が、今でも議論が続けられている。

また、二〇〇一年に制定された「文化芸術振興基本法」が二〇一七年に改正され「文化芸術基本法」になったのも、こうした社会包摂につながる流れを後押ししている。特に社会包摂に関連するのは第二条第十項にある「文化芸術に関する施策の推進に当たっては、文化芸術により生み出される様々な価値を文化芸術の継承、発展及び創造に活用することが重要であることに鑑み、文化芸術の固有の意義と価値を尊重しつつ、観光、まちづくり、国際交流、福祉、教育、産業その他の各関連分野における施策との有機的な連携が図られるよう配慮されなければならない」という記述である。ここでは「福祉」という言葉が登場していることと、「有機的な連携」という表現が使われていることが重要である。単なる無機的な連携、つまり表面的に一緒に活動するだけではなく、そこから新しい価値が生まれるような連携が必要だということが示唆されている（片山 二〇一八）。福祉のシステムが芸術に関わることで、芸術の側も変わっていくということが目指されている。その逆もまたしかりで、芸術の力によって福祉の側が変わることもあり得る。このように、お互いが影響し合いながら新たな価値を生み出す関係こそが「有機的な連携」なのだ。

また基本法改正に伴い、二〇一八年には「文化芸術推進基本計画」が策定され、その具体的な施策が打ち出されてきた。二〇二四年現在ではこの計画は第二期に入っており、「文化芸術活動に触れる機会を子供から高齢者、障害者、在留外国人などが生涯を通じてあらゆる地域で容易に享受できる環境を整えること」と、「地域における多様な文化芸術の振興と社会包摂的な環境の推進による文化芸術の社会的価値の醸成」が掲げられている。障害のある人や高齢者などは「施される」福祉の対象として扱われがちであるが、必ずしもそのような意義だけでなく、芸術に携わる人々や社会全体の価値観を新しく形成していくことも重要な意義であるとして考えることができる。

このように、障害のある人や高齢者との出会いを通じて、新たな視点を持ち、多様な価値観が広がるようなことが目指されているのである。このことは筆者の、吹奏楽団での出来事に出会い、考えを巡らせ始めた十七歳の時の、自分の中で線を引いてしまっていたことに気づいたということとも近いかもしれない。

（2）障害者文化芸術推進法と関連する動き

その後、二〇一七年に文化芸術基本法が改正された際に、同時に議論されていたのが「障害者による文化芸術活動の推進に関する法律」だ。この法律は議員立法で成立したもので、障害のある人の文化芸術活動を支える基盤となっている。

だが実際には、この法律ができた頃にはさまざまな議論がなされた。たとえばこの法律には、「専門的な教育に基づかずに人々が本来有する創造性が発揮された文化芸術の作品が高い評価を受けており、その中心となっているものが障害者による作品であること等を踏まえ、障害者による芸術上価値が高い作品等の創造に対する支援を強化すること」（第三条二）という文言がある。この「芸術上価値が高い」という定義について、（ナチスドイツにおける文化統制や治安維持法などの流れも意識しながら）国家が芸術的価値の優劣を判断することの是非に関する議論や、そもそも芸術活動に対する価値には多元的なものがあるのではないかという議論などがなされていた（長津 二〇一九）。

ただ、こうした法律が成立したことで、国による補助金事業をはじめとして、障害者の文化芸術活動に対する支援の枠組みが整備されるようになったことは評価できるだろう。例えば、文化庁は「障害者等による文化芸術活動推進事業」という名称で、全国的、あるいは地域レベルでの支援事業を行っている（二〇二四年現在）。これらの事業は全国の多くの団体が利用しており、地域での芸術活動や人材育成を支援している。また、文化施設のアクセス改善に関しても取り組みが進んでおり、演劇や音楽イベントにおいて字幕をつけたり、手話通訳を入れたりするなど、多様な鑑賞サポートが充実してきている。一方、厚生労働省では「障害者芸術文化活動普及支援事業」として、文化庁とは少し異なる視点から支援を行っている。具体的には、二〇一四〜二〇一六年度に「障害者の芸術活動支援モデル事業」として、全国をブロックに分け相談支援や人材育成などの事業を行うセンターを地域の事業所に委託する事業を開始し、これは二〇一七年度より「障害者芸術文化活動普及支援事業」に発展した。令和六年度は四十五都道府県・四十六ヶ所に障害者芸術文化活動普及支援センターを、七つのブロックに障害者芸術文化活動広域支援センター（通称「広域センター」）が設置されている。

文化庁が芸術作品やアートプロジェクトの質を高めることや、そのための人材育成に注力しているのに対し、厚生労働省はより広い裾野を支援することを目指しているように思われ、さらに近年はその価値が交差しながらまさに「有機的に」発展しているように思われる。もちろん、まだ課題は山積しているものの、「障害者による文化芸術活動の推進に関する法律」が制定される以前にはなかった取り組みが、次々と生まれていることは確かだ。

3　障害をどのように捉えるか

（1）障害の「社会モデル」

このような障害のある人に向けた施策を考える際の視点には、大きく二つの視点がある。

一つめは、文化芸術活動における排除の是正である。障害のある人のみならず、文化芸術の現場から排除されているおそれのある人々に対する施策を行うことで、多くの人々が文化芸術の鑑賞、創造、参加等が行えるようになる契機となることが期待される。

二つめは、包摂型社会の形成に資する文化芸術像の構築である。芸術的な価値について議論する際には「芸術上価値が高い」という表記にとどまらない多様な価値について意識する必要がある（長津 二〇一九）。

このような社会との関わりにおいて障害のある人を関係の中に位置付ける論を展開するうえでは、障害のある人個人に対するアプローチのみならず、障害のある人を取り巻く環境についてアプローチする考え方が重要である。このことは障害の「個人モデル」と「社会モデル」に関する議論とも関係している。

障害の「個人モデル」（または医学モデル）では、障害を個人に帰属し、治療や対処の対象として捉える。障害があるのは個人であり、治療によって解消されるかどうかが問題となる。しかし、障害の「社会モデル」では、障害を個人の特性ではなく、周囲の環境や社会的・文化的障壁の中に見出す。つまり、社会の側が変わることで障害のあり方が変わり得るという考え方だ。この「社会モデル」は、日本においては一九六〇年代以降の身体障害者運動にその源流があると言われ、たとえば「青い芝の会」という神奈川県を拠点とする障害者団体が、バスに強行乗車するなどの運動を通じ、「自分たちもバスに乗せて欲しい」という要求を社会に訴えたことは象徴的なものとして今も語り継がれている。また、福祉施設の事務室をバリケード封鎖するなどの強行的な行動により自分たちの人権を保障することを交渉したこともあったという。

国際連合の総会で二〇〇六年に採択され日本が二〇一四年に批准した障害者権利条約では、「社会モデル」を前提におきつつ、「合理的配慮（reasonable accommodation）」という概念を提起した。二〇二一年の障害者差別解消法の改正に伴い、二〇二四年からはこの合理的配慮に関する取組が民間事業者にとっても義務化された。

合理的配慮とは、障害のある人が社会的な不利益を受けないよう、社会の側が可能な範囲での調整を行うことである（accommodation の原義に照らすと、配慮というよりは調整と捉えるほうがより望ましいという議論もある）。もちろん、例えばすべてのバスにスロープを設置したり、すべての公共サービスや民間のサービスにおいて手話通訳や筆談サービスを用意することは、コストや人員的に現実的ではない。そこで、バス会社は「ここまでは対応できます」と提示し、障害のある人が「そのような対応で十分である」と納得するような、いわば「建設的対話」を行う。このプロセス全体を「合理的配慮」と呼ぶのである。すなわち合理的配慮は、「障害のある人に障害のない人がしてあげる、施してあげる」というものではなく、個人や団体が対話を通じてお互いのニーズを調整し合い、合意を形成していくことを指している。

障害者福祉政策においても、障害を個人のものとしてとらえるのではなく、「社会モデル」を基盤として成り立っている。そのうえで障害者権利条約は、社会の側が変わるだけではなく、障害を持つ個人自身の存在や価値を認めるという立場に立っている。このことを「人権モデル」と言われることもある。社会モデルと人権モデルは相補的な関係にあり、社会と個人の双方が変わることで、障害に対する新しい価値観が形成されると考えられている。

ちなみに筆者は二〇二四年に、韓国の社会運動家たちに話を伺う機会があった。韓国では現在もこうした障害者運動が盛んで、駅などのバリアフリー設備に対する抗議活動が行われている。日本の駅ではエレベーターが当たり前になりつつあるが、ソウルでは都心においてもエレベーターがない駅があり、車椅子を使う人は簡易的なスロープで運搬される必要があるという。ただしこれらの古い設備は度々故障し、事故が起きることもあり、ときには亡くなる人も少なくないという。こうした現状に対して、表現活動を通じた抗議運動（カルチュラル・アクティヴィズム）を通じて訴える取り組みが活発に行われているという話を伺った。日本の場合はここまで直接的に社会運動と芸術文化が直結する事例は多くないが、社会の側が変わるべきだという論調は広がりを見せつつある。

(2) 社会包摂（ソーシャル・インクルージョン）

ところで、劇場法においても議論が提起されてきた社会包摂（social inclusion）という考え方についても触れておこう。この考え方は障害の「社会モデル」の派生しているものとしても捉えることができるが、その範疇はより広い。社会の中で多数派と少数派の間に生まれるあらゆる差別や境界を明らかにし、それを乗り越えるための議論を提起し得るものでもある。

社会包摂は、もともとヨーロッパで移民政策をめぐる議論の中で生まれた概念で、「移民を受け入れる」のではなく、移民を社会の中でどう統合し、新しい国家を築いていくかを考える中で発展してきた。この考え方の対極にあるのが社会的排除（ソーシャル・エクスクルージョン）だ。しかし、社会包摂も社会的排除を内包することがある。前掲した図のように、社会的に包摂しているつもりが、実は誰かを排除している可能性があるということは起こり得る。社会包摂が進めば進むほど、その枠から漏れる人が出てくる可能性も考えなければならない。なお、社会包摂の邦訳として福祉分野では社会的包摂と言われることが多いが、文化分野では社会包摂と呼ばれることが多い（中村 二〇一八）。

ただし、何が排除で、何が包摂かという線引きは難しい。福祉分野における古典的な文献に『ノーマリゼーション』という本があり（ヴォルフェンスベルガー 一九八二）、この中で「対人処遇における八つの逸脱」という概念が示されている。この概念に対して筆者なりに超訳を試みると「特定の人に対してこのような扱いをすることは、その人を「人」として扱っていないことになるのではないか？」という意味ではないかと捉えられる。この中では「憐れみの対象」「病人」などがその例として挙げられているが、その中でも筆者が特に興味深いと感じるのは、「聖なる子」や「永遠の子」という考え方である。このことは、障害のある人のことを「純粋で無垢な存在」として捉えることが、実は差別的な扱いを内包しているのではないか？という問題を提起している。

この「聖なる子」や「永遠の子」という障害観は、前述した図1の真ん中の状況、つまり「自分たちの世界観の中でこの人を理解しようとする」スタンスに相当する。障害のある人を「特別な存在」として捉え、ある種の枠組みの中で包摂しようとする態度だ。これも一種の排除につながりかねないというのである。

個人の多様性を包摂する社会を目指す際に重要なのは、自分たちがどこで線を引いているのかを常に意識することである。社会包摂のための取組には、マイノリティのエンパワメントだけでは不十分であり、「マジョリティ性の壁」(飯野 二〇二二)への意識が不可欠だ。多数派の側に立つ人々の意識も変わらない限り、真の意味での社会的包摂は実現しない。多様な人々が互いに違いを認め合い、関係を築くことができて初めて、多様性を包摂する社会が生まれる。

ではこうした状況に対して、文化の立場から何が語れるか。障害学の分野の中で、「支配文化」「抵抗文化」「固有文化」という三つの枠組みが紹介されている(杉野 一九九七)のが、現在の芸術文化の動向をとらえる補助線として有益だと筆者は考えている。「支配文化」というのは「(健常者の側が)支配(している社会に従属している)文化」のことを指し、健常者が期待する障害のある人の在り方や、健常者が中心となる社会で受け入れられやすいような文化のことを指す。「抵抗文化」とは「(健常者の側がつくっている文化に対して)抵抗(している)文化」のことを指し、社会運動などの形で、障害のある人の側から見える社会の問題点を提起していくことや、健常者が気付きづらい問題に対しての啓発活動を行なっていくことも挙げられる。「固有文化」とは障害のある人が固有で持っている文化のことを指し、代表的な例は「ろう文化」である。ろう者による手話表現は音声による日本語とは異なる言語であり、言語として守られるべきであるという考え方がその一例に挙げられる。これら三つの「文化」は、それぞれ似ていつつも射程が異なることがわかるだろう。

4　障害×アートの現場

このように、芸術と社会包摂に関しては複雑な問題が織り重なっている。そのうえで、こうした状況を具現化したり、さらに問いを投げかけるような役割を、芸術活動が持つことがある。ここからは、筆者自身が実際に関わってきたプロジェクトを振り返りながら、ここまで述べてきたようなことをさらに補完していきたい。

(1) マイノリマジョリテ・トラベル

まず最初に紹介したいのは、「マイノリマジョリテ・トラベル」というパフォーマンス・グループだ。このグループは二〇〇五年～二〇〇六年の間活動し、二〇一六年にはその意義を十年越しに振り返るドキュメンタリー映画『記憶との対話―マイノリマジョリテ・トラベル、10年目の検証』を制作し、二〇二四年現在も全国各地で上映活動を行っている。このグループの活動は、

写真1　マイノリマジョリテ・トラベル『ななつの大罪』公演風景（2006年）

障害を障害として舞台にさらけ出す手法の独自性に特徴があり、かつ、障害者自身の日常の風景を観客に体験させる仕掛けづくりとしても卓越していた。

この公演は、エイブル・アート・ジャパンと明治安田生命相互保険会社による助成金事業「エイブルアート・オンステージ」によって支援されていた。これは、障害のある人がアーティストと出会い、共に舞台表現活動が行われることに対する支援を目的としていた。例えば、知的障害のある人と即興音楽家による音楽公演、ダウン症の人々とフラメンコダンサーとの公演、といった具合である。しかし、マイノリマジョリテ・トラベルというプロジェクトは、単に「障害者と健常者が一緒に活動する」という枠を超えていた。「エイブルアート・

オンステージ」が「障害のある人とともに創る舞台表現活動に対する支援プログラム」であることに着眼した彼女たちは、「どこからどこまでが障害で、どこからどこまでが健常でしょうか？その線はどこにあって、それは誰の当たり前なのか」と問いを投げかけたのである。

出演手は一般から公募されたのだが、単に「障害のある人」ということではなく、社会に対して何らかの障害を抱えている人、という出演者の基準を打ち出したのだった。その結果集まった実に多様なメンバーたちとともに、最終的には演劇作品を制作した。詳細は拙著に詳しく描いているのでここでは詳述しないが（長津 二〇一八）、東京都交通局のバスを貸し切りにし、実際に運転されるバスを用いてパフォーマンスを行うという試みがなされた（写真1）。バスを使って各地を巡りながら、さまざまな障壁に直面するというプロジェクトは、先述したような障害者運動の文脈とも重なり合うような、象徴的な存在として捉えることもできた。

その後場所を室内に移して行われたパフォーマンスでは、脳性麻痺や原因不明の難病を持つ人、セクシュアル・マイノリティの人、在留外国人、帰国子女など、さまざまなマイノリティ性を自認し、それを表現することに同意した人々が集まった。彼らは「自分たちの身体的、社会的な特徴を舞台でパフォーマンスしてもよい」と考え、それぞれの存在を舞台上で見せることを試みた。これは単なる障害の表現活動に留まらず、個々のアイデンティティを舞台芸術として現出させるというプロジェクトだったのだ。

残念ながら舞台は再演される機会は失われてしまったが、前述したように二〇一六年にこの公

写真2　NPO法人ニコちゃんの会公演『走れ！メロス。』(2018年)

演や関係者のその後を捉えた映画が製作されているため、今でも自主上映等の機会で作品を鑑賞することができる。実際、二〇二一年に成蹊大学で実施した授業の際にもこの映画を鑑賞し、終了後には受講生同士との対話を試みた。

(2) NPO法人ニコちゃんの会

二〇一六年に福岡に移住してから関わりを深くし始めた活動の一つに、「認定NPO法人ニコちゃんの会」が行ってきた演劇の活動がある(写真2)。この団体の前身となる活動もまたエイブルアート・オンステージの支援を受けた活動を行っていたが、その際は六〇歳以上の女性たちによる演劇活動を行っていた。その後、地元の障害のある人たちを加えた形で演劇公演が行われるようになり、コロナ禍に至るまでその公演活動は続いた。メンバーの中には妙齢の女性たちだけでなく、車椅子に乗っている人、脳性麻痺の人、聴覚障害のある人など、さまざまな背景のある人々が参加してきた。コロナ禍においてはオンラインを用いた演劇活動も試行し、筆者の研究室もその情報保障をはじめとしたテクニカルサポートを行ってきた。現在ニコちゃんの会は、医療的ケアが必要な人たちを主な対象とした福祉施設を開設し、そこを拠点とした新たな演劇活動が定期的に行われている。

演出としてその活動の草創期から関わってきているのは、劇団山の手事情社に当時所属していた倉品淳子で、ワークショップ形式の稽古をすることを通じてシーンをつくり、最終的に公演にまで持ち込むという作品づくりを得意としている。劇団山の手事情社の持つメソッドのひとつに「ショート・ストーリーズ」というものがあり、稽古場に集まった人たちが日常の困りごとや、面白かったこと、嫌だったことなどについてエピソードの交換をし合い、それを即興で演じるところから始まる。それを発展させて実際に舞台公演の中でも、そのシーンが演じられることがある。

筆者はとある公演が制作されるプロセスに関わっていたが、その際に生まれたショート・ストーリーズで印象的なシーンがある。ある言語障害のある青年の「病院の待合室で看護師から名前を呼ばれたが、『私です』と言っても看護師に気づいてもらえなかった」というエピソードを題材にしたものだった。そのストーリーは実際に演劇公演のワンシーンとして、笑いを誘う場面として演出された。観客が笑っている姿を見ながら、筆者は同時に、これは大変に残酷なことだとも感じた。観客は、名前を呼ばれても気づいてもらえない男性の滑稽な振る舞いや、周囲の無神経な反応に笑っている。喜劇として楽しんだあとに、妙な後味の悪さが残る。それは、この笑いが単に舞台上の出来事ではなく、日常の光景を切り取って舞台に乗せたものだからだ。このようなシーンを目の当たりにしたとき、観客は日常生活の中で同じ場面に出くわしたら、やはり同じように笑うのだろうか。

このことについて筆者は別の書籍でもう少し詳しく書いている（九州大学ソーシャルアートラボ 二〇二一）。こうした場を通じて、「マイノリティとマジョリティの境界線」というものが少しでも揺らぎ、新しい価値観が生まれるかもしれない。

（3）聴覚障害と音楽

最後に紹介したいのは、九州大学で取り組んでいる、聴覚障害と音楽に関するプロジェクトだ。二〇二二年度には聴覚障害のある人たちを対象としたワークショップイベントを、二〇二三年度には聴覚障害のある人とない人でともにワークショップを検討するプロセスを公開する講座を行った。この原稿を書いている時点では、二〇二五年一月に予定しているコンサートでの情報保障について考えるプロジェクトを実践している。いずれも、聴覚障害のある人にどのように「音楽」を伝え、共有すればよいのかという課題に、学生とともに取り組んでいる。

筆者は九州大学で、旧帝大で唯一の芸術系学部である芸術工学部に所属している。その中でも、着任してから五年ほどは音響設計学科に所属し、ピアノの実技から音楽ワークショップ、音楽社会学などを指導していた。この学科は二〇二〇年の改組で芸術工学科の「音響設計コース」となり、筆者はそのタイミングで新設された「未来構想デザインコース」に配置変更になったが、現在も音響設計を学ぶ学生に向けた授業も担当している。この企画は音響設計を専門とする先生た、例えば劇場空間の音響や音の響きを研究する先生たちが、その知見を福祉に応用することはできないか、と考えておられることに端を発している。ニコちゃんの会との出会いもあり、聴覚障害のある人との交流があった筆者は、手始めとして、聴覚障害と音楽に関するプロジェクトを実施し、何かしら音響に関する議論との接続ができないかと考え始めたのだった。大学院生を対象としたアートマネジメントの実習の授業として、実際に聴覚障害のある人たちに授業に来てもらい、共に音楽の可能性について議論しながら進めている（写真３）。

そのプロジェクトが開始された当初の話だが、スピーカーや空間の響きの魅力を聴覚障害のある人に対してどのように共有できるか、ということを考える課題を学生とともに考えたことがある。あるグループが、例えば応援グッズとして使うようなポンポンをスピーカーに貼り付けることで振動を可視化してみたり、聴覚障害のある人に風船を抱いてもらって振動を直接伝えたりするようなことを試みた。しかし、聴覚障害のある人たちの反応は「振動しているのはわかる。でもこれって音楽なの？」というものだった。考えてみたら当たり前のことなのだが、その当時はこの気づきが重要だったように思い返す。聴者にとって音楽は、もちろん物理現象という側面だけではなく、それをどのように人が知覚し、どのようにそれを理解するかによって意味が変わっ

写真３　プロジェクトの様子

てくる。今回の試みは、いわば音楽そのものの形を翻訳したにすぎず、聴覚障害者にとってその音楽がどのような記憶や文脈と結びつくのかという想像力を持つことが重要であるということに気付かされた機会だった。

二〇二三年二月には一般公開でのイベントを初めて行い、三百名以上の来場者とともに様々な「音楽」のあり方を模索した。たとえばある学生グループは、簡易的に設置したステージの上で打楽器奏者によるアンサンブル公演を行ってもらい、観客はそのステージに座ることで振動を臨場感たっぷりに感じてもらうという企画を実施した（写真４）。あるいは、音響設計を研究するための施設として設けられている「無響室」「残響室」という特殊な施設にまったく同じ音量で音源を流し（響きの特性が大きく異なる部屋なので、聴者にとっては当然聞こえ方も響き方

写真４　「きこえないあそび。きこえないムジカ。」の様子
（撮影：富永亜紀子）

も大きく異なる）、その二つの部屋を同じ風船を持ちながら歩き比べて、「響き」というものの違いを体感してもらうようなプログラムを実施したチームもあった。その後続いている取り組みも含めて共通していると感じるのは、いかに聴者にとっての「音楽」観だけではない多様な「音楽」観を想像し、そこに対して手を動かすことができるか、という問いである。

（4）小括にかえて

ここまでは、筆者が実際に関わり活動をはじめたり、企画を支えてきた事例を紹介してきた。だが日本全国には非常に多くの活動があり、この本を手に取った方が住んでいる地域にも、障害のある人が関わる表現活動の現場はどこにでも存在しているような状況になってきている。

こうした活動の様子を包括的に捉えることが

できる良い教材があるので、この節のまとめとして簡単に紹介したい。厚生労働省の事業の一環で、障害福祉分野に初めて携わる行政職員向けに、障害者の文化芸術活動とはどのようなものかを概説するスライドを教材として開発する業務に携わったことがある（NPO法人ドネルモ 二〇二三）。教材はインターネットで無料公開されており、活動の範囲やもたらすものをコンパクトに把握することができるようになっている。

このスライドの中で事例として挙げられているのは3つある。社会福祉法人安積愛育園が運営している福島県猪苗代町にある「はじまりの美術館」は、障害のある人が福祉施設において作品をつくる活動が起源にありつつ、美術館については地域社会の復興やコミュニティづくりの拠点としても位置づけられている点が特徴的だ。そのため、障害のある人の作品だけでなく、現代美術家の作品も展示することがあったり、時には地域の人々と共同制作を行うプロジェクトがあったり、併設されているカフェで作品について語り合う場をつくるなど、幅広い活動を展開している。また他の事例としては、聴覚障害の当事者が主体となり、演劇や美術、映画を通じて「ろう者」の世界を伝えることを目的とした「日本ろう者劇団」のプロジェクトについても紹介している。聴者との対話や交流の機会をつくりだすことで自分たちの文化やアイデンティティを可視化する活動を行っている。他にも、岡山県早島町にある福祉施設「ぬか　つくるとこ」で行われている「なんでそんなんプロジェクト」という活動も紹介されている。障害者福祉の現場で起こる「理解しづらい行動」や「一見無意味に見える行動」を「問題行動」として排除するのではなく、

「面白いもの」として捉え直し、愛を込めてツッコミを入れるものだ。日常のケアにおいて「なんでそんなことをするのか」と考えた際、それを否定するのではなく、肯定的に捉え直す視点を提供している。結果として、福祉の現場がより豊かでクリエイティブな場になり、新しい文化を生み出していると言える。このような視点の転換が、福祉の現場における新たな文化を形成し、障害者の文化芸術活動の一環と捉えることができるだろう。

このように、一言で障害のある人が関わる文化芸術活動といっても、知的障害、身体障害、精神障害など、障害の種類も多岐にわたり、また文化芸術活動もジャンルや方法、活動する場所などさまざまなバリエーションがある。場合によっては、障害のある人自身が「芸術活動をしている」という意識はないものもあるかもしれない。しかし、社会の側からのアプローチとして、障害のある人たちの表現や活動が尊重される場を作り出していると言える。

あるいは、前述したような「マジョリティ性の壁」は、「健常者」と「障害者」の間にある壁だけではないかもしれない。特にクラシック音楽が好きで、プロの音楽家になるかもしれないなと夢想していた青年期の筆者は、形を変えて音楽にも携わる機会を得つつ、今もなお「クラシック音楽の素晴らしさは多くの人にとって届きにくいものである」と感じることが多い。こうした音楽を届けるためには、クラシック音楽の側が変わらなければならない、ということになる。従来の芸術のあり方を見直し、ただそれを伝えるだけではなく、芸術そのものの形が変わっていくことが肝要なのである。そして、そうした変化を通じて、より多くの人々に芸術を届けることこそ、これからのアートマネジメントに求められる姿勢ではないかと考えている。

5　今後の課題

最後に、このような現場での実践や思考を得て、いま現在筆者自身が問題意識として考えていることを述べて原稿を閉じていきたい。

研究のフレームワークとして現在問題意識を持っている点としては、「社会モデル」に関するここ十数年の議論の拡大である。たとえば、個人（医学）モデル／社会モデルという二分法で障害を捉えることにより、複雑かつ多層的で多面的な障害の理解をかえって妨げるという視点や、社会モデルの視点は個々人の「経験」を軽視するおそれがあるのではないかという議論や批判がなされている。また、障害学の既存の議論が身体に障害のある人を中心として生まれた議論であることや、北半球の白人男性を中心とした議論に依拠しているのではないかという観点の投げかけも行われている。こうした潮流は「批判的障害学」と呼ばれ「障害の政治／関係モデル」（Kafer 2013）を提起している。このことは日本でも徐々に紹介されるようになってきたが、このような流れは、医学モデル／社会モデルの2つに分けきれない複雑な障害の経験を可視化しようと試みている。その一方で、その状況においてもなお「社会モデル」の議論が有用であるという議論も尽きていない。この理論的なフレームワークの変化や議論の拡張が、実際の障害のある人が関わる芸術の現場に対して解釈可能性をどれだけ広げ得るかは、今後の研究の課題として議論

写真5　英ナショナル・シアターのブックストアの本棚
（撮影：筆者）

を続けていきたいと考えている。

　現場の視点から最後に紹介したいのは、まさに障害を相対的に捉える視点だ。二〇二四年にもイギリスに行った際、ナショナル・シアターの本屋に立ち寄った。そこには、ディスアビリティ・プライド（障害者運動）を扱った戯曲や理論書のエリアは棚ひとつぶんしかなかった。一方で、ＬＧＢＴＱプライド関連の書籍は棚三つぶん、主に黒人などを指すいわゆる「グローバル・マジョリティ」関連の書籍は四つ以上の棚を占めていた（写真5）。こうした状況の中で、変わりつつある日本の社会をどのように捉え、どう発展させていくべきかというのは、今後の大きな課題だと感じている。

　文化庁・厚生労働省により実施された「障害者文化芸術活動推進有識者会議」において

NPO法人STスポットの小川智紀さんがこのような言葉を残している。

「将来的にはこの議論が高齢者の文化活動、子どもの文化活動、信仰者や無業者、さらには僻地の住民にまで射程が広がっていく可能性がある。周辺に置かれた人々への視点をさらに精緻化していくことが、今求められており、それは待ったなしの状況だ」

例えば、障害のある人を対象とした政策を作ると、どうしてもその政策を実施したアウトプットとして「何人の障害者が参加したか」ということが問われる。だが、その際に「車椅子を使用しているのは障害者だけ」とカウントし、高齢者が使用する車椅子や、赤ん坊を乗せたベビーカーはカウントの対象外とされてしまう。こうした線引きが、今後は通用しなくなってくるだろう、と投げかけたのだ。

小川さんの投げかけたことや批判的障害学の文脈を踏まえると、ウェルビーイングな共生社会を目指す上では、障害者の文化芸術活動という枠を超えて、あらゆる人権に関わる芸術活動への視座が、研究にも実践にも求められる。人種、ジェンダー、LGBTQ、貧困、環境問題など、さまざまな社会運動との横断的なアプローチを行うことで、これまでの障害とアートに関する理論と実践の往還が、また新たな局面を開拓し得ると考えている。

そして、多様性と境界に向き合いながら芸術に関わる一員として、常に問い続けなくてはならないのは、誰がいつ、どのように線を引くのかということであり、その結果生まれる「芸術」から排除される人々がいることへの想像力を働かせる、ということでもあるのかもしれない。

謝辞

本稿の内容は、以下の二箇所で実施した招待講演の内容をもとにして大幅に加筆修正したものである。

・長津結一郎「アートによる社会包摂（一）多様性と境界への向き合い」（武蔵野地域五大学共同教養講座「アートによる共生社会の実現を目指して」にて。二〇二三年九月十六日、成蹊大学）

・長津結一郎「アートと社会包摂：福祉」（東京藝術大学キュレーション教育研究センター社会共創科目「芸術環境創造論」にて。二〇二四年六月八日、東京藝術大学）

講演をコーディネートいただいた成蹊大学の川村陶子教授および槇原彩客員准教授、録音データの提供と原稿への使用にご快諾をいただいた東京藝術大学の熊倉純子教授およびキュレーション教育研究センターの韓河羅特任助教に心から感謝申し上げる。

なお本稿で紹介した事例や研究は科研費JP23K17491、JP22H03888、JP23K25142の支援を受けたものである。

参考文献

飯野由里子他（二〇二二）『「社会」を扱う新たなモード――「障害の社会モデル」の使い方』生活書院。

ヴォルフェンスベルガー（一九八二）『ノーマリゼーション：社会福祉サービスの本質』学苑社。

片山泰輔「基本法改正と文化政策の今後」『文化政策研究』十一、六～二〇頁。

九州大学ソーシャルアートラボ編（二〇二一）『アートマネジメントと社会包摂——アートの現場を社会にひらく』水曜社。

杉野昭博（一九九七）「『障害の文化』と『共生』の課題」青木保他編『岩波講座文化人類学　第8巻　異文化の共存』岩波書店、二四七〜二七四頁。

NPO法人ドネルモ（二〇二三）『のぞいてみよう！『障害者による文化芸術活動』ハンドブック』NPO法人ドネルモ。

長津結一郎（二〇一八）『舞台の上の障害者——境界から生まれる表現』九州大学出版会。

長津結一郎（二〇一九）「芸術と社会包摂に関するこれからの文化政策の課題：障害者による文化芸術活動の推進に関する法律を手がかりに」『文化経済学』十六、一、四二〜四六頁。

中村美帆（二〇一八）「文化政策とソーシャルインクルージョン——社会的包摂あるいは社会包摂」『文化政策の現在2　拡張する文化政策』、東京大学出版会、八九〜一〇六頁。

文化庁×九州大学共同研究チーム（二〇二一）『文化事業の評価ハンドブック——新たな価値を社会にひらく』水曜社。

Kafer, Alison (2013) Feminist, Queer, Crip, Indiana University Press.

第三章　日本人と外国人の境界線を超える「アートの迂回路」と多文化共生

楊　淳婷

1　多文化共生と外国人住民の社会包摂

日本の文化芸術活動のなかには、地域の課題に目を向け、人々のつながりを創出し、一人ひとりが活力的に暮らせる社会づくりを目指した「社会包摂」の取り組みがある。障がい者や高齢者など文化施設や文化的な体験にアクセスしにくい対象に特化したプログラムや、貧困世帯や母子世帯の子どもの参加を促すエンパワメントのワークショップなどが挙げられる。本章で論じている「アートによる多文化共生」の実践は、外国人住民の社会包摂に立脚した文化芸術活動だと捉えられる。

経済・産業構造の変化や、国の政策転換など複数の要因に左右され、日本は明治期から一九六〇年代まで海外に移住する流れが顕著だったが、一九八〇年代以降は日本に移住する外国人の増加が目立つようになった。特に、出入国管理及び難民認定法（入管法）の改定施行によって一九九〇年代以降に急増した。現在、日本では戦前から日本に居住している朝鮮半島、台湾出身者とその子孫のほか、就労や留学などを目的にアジア諸国を中心とした外国人が「住民」として、地域で日本人と隣り合わせに生活しているのである。

人々が国境を超えて移動することは、冷戦体制崩壊後の一九九〇年代以降にグローバルな規模で活発化した現象であり、日本特有のものではない。二〇二〇年、出身地域・国を離れて生活する移民は世界で二億八〇〇〇万人以上、世界人口の約三・六パーセントに及んでいる（国際移住機関 二〇二四）。日本の場合、出入国在留管理庁の統計によると、二〇二三年末の在留外国人数は過去最高を更新している。在留資格で見ると「中長期在留者」数は三一二万九七七四人、「特別永住者」数は二八万一二一八人で、日本に長く滞在している、または定住状態にあるこれらの在留外国人を合わせた数は三四一万九九九二人となり、前年末に比べ、三三万五七七九人（一〇・九パーセント）増加したという。さらに言えば、中長期在留者のうち、今後も日本に永住することが見込まれる「永住者」数はここ数年増加傾向にあり、二〇二三年末は八九万人を超えている（前年末比二万七六三三人増）。つまり、日本社会は主に日本国籍所有者によって構成されているとはいえ、一九五カ国・地域（無国籍者を除く）からなる、三四一万人以上の在留外国人と築く多文化社会のあるべき姿について考えることが求められているのは確実である。そして、外国人を「他者」としてではなく、地域の生活者＝住民として捉え、共に生きやすい社会をつくるという「多文化共生」の意識形成や取り組みが不可欠である。

ところで、「共生」とはマイノリティへの差別に反対する文脈で使われていた言葉だったが、外国人が急増した一九九〇年代後半以降、外国人住民支援の目的を表わす「多文化共生」という言葉が行政やマスメディアで盛んに用いられるようになった（塩原 二〇一三）。一方で、アートの分野では二〇〇〇年代以降に「多文化共生」を掲げた活動が見られるようになっている。次節で言及する岐阜県の文化施設「可児市文化創造センターala」が二〇〇八年から取り組んでいる「多文化共生プロジェクト」がその一例である。外国人住民支援の文脈において、地域における多文化共生は「国籍や民族などの異なる人々が、互いの文化的ちがいを認め合い、対等な関係を築こうとしながら、地域社会の構成員として共に生きていくこと」という、総務省（二〇〇六）「多文化共生の推進に関する研究会報告書」の定義が参照されることが多い。他方、アートの文脈では、狭義的に「国籍、民族や文化的背景の異なる人びと」との共生、広義的には国籍、民族や文化的背景などの違いのほか、ジェンダー、世代、職業、階層と宗教の違いや、障がいの有無などにかかわらず、様々な人びととの共生について「多文化共生」という言葉を用いる傾向がある。本章は狭義的な意味合いにおいて「アートによる多文化共生」について論じている。

冒頭で述べたように、「アートによる多文化共生」とは、外国人の社会包摂を目指した文化芸術の実践を指している。では、社会包摂（あるいは「社会的包摂」）とはなにか。それは、ソーシャル・インクルージョンの訳語であり、ソーシャル・エクスクルージョン（社会的排除）の対義語として、社会の周縁にいるマイノリティの社会福祉諸制度に関連する政策理念として用いられているタームである。その意味合いは使われている文脈に依拠しており、一義的ではないと言われている。

アートの文脈において、社会包摂は主に文化政策において言及されている。例えば、「文化芸術の振興に関する基本的な方針（第四次）」（文化庁 二〇一五）では、「文化芸術は、子供・若者や、高齢者、障害者、在留外国人等にも社会参加の機会をひらく社会包摂の機能を有している」としている。一般的に、社会的な活動へのアクセシビリティの欠如、また、孤立、自尊心や動機づけの低下など否定的なアイデンディティなど、これら個人レベルの排除の課題に向けて文化芸術は働きかけることができると考えられている（中村 二〇一八）。そして、アートを通じた外国人の社会包摂とは、文化芸術は外国人が直面している社会的排除の課題を解決できるか、あるいは緩和できるかといった問いを軸とした取り組みを意味する。しかし、「多文化共生」は外国人の社会包摂を含意した言葉であるにも関わらず、「『日本人と外国人が仲良く文化交流さえできればすべて問題が解決する』かのような印象を与え、支援者と当事者の葛藤や行政の施策の不備、社会的な差別や不平等の存在を覆い隠す『きれいごと』である」と批判されることがある（塩原 二〇一三）。この点は留意しなければいけない。「アートによる多文化共生」のあり方について考えるとき、単に一人ひとりの国籍、民族や文化的背景の違いをショーケースのように並べて知ることでは不十分である。日本に生活基盤を置いている外国人を取り巻く社会状況、差別や偏見など、外国人を周縁化する排除の力にも目を配ることが大事である。噛み砕いて言えば、「アートによる多文化共生」は、異文化理解と社会包摂の両輪で取り組まれるべきであり、諸国・諸民族の文化芸術を紹介し、日本人と外国人の出会いを促す交流活動が手がけられる傍ら、外国人の社会的排除の実態を可視化し、それらの課題に働きかける文化芸術活動が望まれる。

2　事例紹介一：可児市での実践

外国人の社会包摂を意図した多文化共生の芸術実践について、まずは地方工業都市の代表的な取り組みについて紹介する。岐阜県下最大規模の工業団地があり、市域周辺に大手自動車・家電関連のメーカーが多く立地している可児市は、日系ブラジル人を中心とした就労目的の外国人労働者が一九九〇年代に急増した外国人集住地域の一つである。可児市では、九〇年代終わり頃から自治会でゴミ出し、騒音、自動車運転のマナー、公園でバーベキューなど、外国人をめぐる課題が話題になるようになった。筆者の調査によれば、近年、可児市では「永住者」資格を持つ在留外国人が高い割合を占めていて、永住化の傾向を示しているが、外国人との多文化共生に関心を持つ日本人住民は一部にとどまっている（楊 二〇一九）。外国人住民の総数が可児市総人口の七パーセントを占めていて、歴年のピークに達した二〇〇八年に「多文化共生プロジェクト」が立ち上がった。可児市に所在する実演芸術の文化施設「可児市文化創造センター ala（以下、アーラ）」では、二〇〇七年度から二〇二〇年度の間、館長兼劇場総監督の衛紀生が社会包摂を理念に掲げて劇場運営を行なっていて、コミュニティ・プログラムを実施していた。衛は、イギリスの劇場に触発され、「すべての市民を対象として、地域社会の解決すべき課題に対応する多様なサービスを供給する（衛 二〇一五）」ことをアーラで実現しようとしていた。教育機関、福祉施設（高齢者・障がい者）と医療機関へのアウトリーチや、市民参加型の演劇プログラム「多文化共生プロジェクト」などがアーラで取り組まれ、日本全国から注目を集めた。「市民誰一人排除しない」ことを理念としていた衛は、「日本の公共文化施設は、すべて市民から徴収した税金で成り立っています。つまり、日本の公共施設は、すべての市民を視野に入れたサービスを提供していイコール・アクセスを実現させる義務がある（アーラ 二〇〇九）」とし、一市民として納税している外国人住民に対してもサービスを提供するべきだと考え、外国人住民の参加を積極的に促す「多文化共生プロジェクト」を試みたという。

　文化庁が二〇一三年に定めた「劇場、音楽堂等の事業の活性化のための取組に関する指針」において、劇場、音楽堂等が「社会包摂機能」を有することについて次のように述べている。

> 劇場、音楽堂等は、文化芸術を継承し、創造し、及び発信する場であり、また、人々が集い、人々に感動と希望をもたらし、人々の創造性を育み、人々が共に生きる絆を形成するための地域の文化拠点である。また、個人の年齢若しくは性別又は個人を取り巻く社会的状況等にかかわりなく、全ての国民が、潤いと誇りを感じることのできる心豊かな生活を実現するための場として、また、社会参加の機会を開く社会包摂の機能を有する基盤として、常に活力

ある社会を構築するための大きな役割を担っている。

すなわち、二〇一三年以降、「社会包摂」の理念がようやく劇場、音楽堂等に関する文化政策においても位置づけられ、文化施設を運営する上では無視できない方針になりつつあるが、アーラの取り組みはそのような流れを先駆けていたものであった。

アーラの「多文化共生プロジェクト」が企画された背景について説明する。上述した衛の考えのほか、二〇〇八年頃のアーラでは、劇場の使用マナーをめぐって外国人の利用を禁止してほしいという意見がよせられ、地域の課題を凝縮したトラブルを抱えていたことが当該プロジェクトにつながった一因である。当時の状況において、「多文化共生プロジェクト」は、外国人住民の文化芸術活動への参加を促し、アートを媒体に地域の異文化間交流や相互理解を深める機会を作り出すものだと期待された。「多文化共生プロジェクト」は、二〇〇八年度から二〇二四年度現在まで継続的に行われている。続いては、筆者がヒアリング調査を実施した二〇〇八年から二〇一七年の活動について紹介する。演出家の入れ替わりを境に、二〇〇八年から二〇一二年までを第一期、二〇一三年から二〇一七年を第二期と分けることができる。

第一期の演出を担当した田室寿見子は、「ドキュメンタリー演劇」という手法を用いて、一対一のインタビューを通して参加者のライフストーリーを募って上演作品を構成した。東日本大震災が起きた二〇一一年の演目《最後の写真》を例に挙げると、舞台の上で、出演者は写真や思い出を手がかりに、名前の由来、誕生日の出来事、幸せに満ちた家族の話、死についての思いなど、様々な出来事について語っていた。出演者の一人、四〇代ブラジル人のNさんは、このような内容を述べていた。

兄弟は七人、私が一番上、お父さんお母さんは仕事に行くので、私が兄弟の食事を作ったり掃除もした。にわとりも自分で絞めて料理した。サッカーや水泳でよく遊んだ。学校をサボってたくさん遊んだ。家は海岸から歩いて十分のところにあった。五歳過ぎた頃から海岸に一人で行ってお母さんによくお尻をぶたれた。貧しい生活をしてたから誕生日を祝ってもらうことはずっとなかった。でも一二歳の誕生日にお母さんに「あっちの部屋から箱を取って来て」って言われて、行ってみたら、そこには自転車の絵が描いた箱があった。お母さんに「何これ⁉」って聞いたら、「プレゼントよ。今日は誕生日でしょ」って言われた。嬉しくて泣いた。嬉しすぎて熱が出た。母はメイド、父は掃除夫として働いていて、貧しい家計からコツコツ貯めて買ってくれた。だから自転車は本当に豪華なプレゼントだった。もちろん兄弟みんなで使ったんだけど。

このように、「多文化共生プロジェクト」の舞台作品への出演をきっかけに、外国人住民は自分自身の実体験を演じ、日常生活では触れ合うことが少なく、話し合うことがあまりない日本人住民に向けて、私的なメッセージを発信した。筆者のインタビューに応じた第一期「多文化共生プロジェクト」の日本人参加者の小倉（仮名）は、演劇作品の制作過程で、外国人住民のライフストーリーや悩みに触れたことを起点に、これまで無関心だった外国人に徐々に関心を持つようになったという。小倉はその数年後、可児市国際交流協会で外国人の学習支援を手伝うなど、多文化共生の実践を最前線で担う理解者へと転身した。つまり、個々人のリアルの姿を赤裸々に露呈する「ドキュメンタリー演劇」の舞台づくりにおいて、可児市とその周辺地域に住む外国人と協働した経験が、小倉の多文化共生に対する意識を深めた大きな要因だと言える。

次に、第二期の演出を担当した森さゆ里は、第一期の「多文化共生プロジェクト」には外国人住民、障がい者や子どもなど幅広い参加者がいることを知り、言葉が通じなくても「三才から大人までが楽しめる舞台を作ろう」と考え、出演者と観客が紙の工作を共に楽しめるファンタジックな舞台作品を制作した。二〇一四年の演目《おはなし工作ものがたり二〜星くず降る夜のだいぼうけん〜》を用いて説明すると、星泥棒が空の星と月を盗んだことからストーリーが始まり、女の子がそれを解決するためにお花を探す旅に出かけ、最後は星が空へと戻るという仮想の物語をベースに構成されたものである。森が手がけた「多文化共生プロジェクト」は事前のワークショップにおいても、公演中の舞台においても、第二期を特徴づける紙工作のワークショップが行われていて、主に中学生以下の子どもに人気なプログラムとなっていた。とりわけ、海外にルーツを持つ子どもたちの参加が目立っていた。第二期の演劇作品では、子どもたちが自身のルーツについて語ることはないが、物語の一役を演じることに大きな満足を感じていたようである。

ところで、可児市では、海外にルーツを持つ子どもの進学支援を行う教室がある。外国人支援を行なっているNPO団体の可児市国際交流協会（以下、KIEA）が運営する進学支援教室は、二〇一四年から年一回程度の演劇ワークショップを開催している。「多文化共生プロジェクト」とは無関係の取り組みであるが、自己表現を通して自尊感情を高める場を海外にルーツを持つ子どもたちに提供していることに、両者の共通点が見出せる。その違いを敢えて指摘すると、KIEAの進学支援教室に通う海外にルーツを持つ子どもたちが抱える課題の深刻さにある。

海外にルーツを持つ子どもは、日本で生まれ育つ者や、呼び寄せによって新規来日する者など、国籍や民族だけでは括りきれない多様な背景を持ち、学習歴や語学力もばらつきが大きい。不十分な日本語力、不就学や低い高校進学率といった課題がクローズアップされてきた。実際、情報不足、家庭の事情や意欲の欠如などによって、義務教育年齢から就学の機会を逸したり、退学となったりするケースがある。また、外国籍の子どもの高校進学率は、日本籍との格差が目立っており、就職や生活基盤の獲得への影響が懸念されている。国籍間の格差を生み出す要因は、来日時期と家庭の安定度が大きく影響しているという。つまり、海外の小・中学校から転入した場合、日本語等の不適応によって高校への進学が困難であるのと、親が不安定な派遣労働についている場合、引越しや学校の転出入が頻繁となり、勉強に集中できなくなる。前者は、フィリピン国籍の子ども、後者は日系南米人の子どもが多く直面する課題だと言われている。そのほか、日本には一貫した公的支援制度がなく、外国籍の子どもの進学を円滑にする取り組みや特別な配慮は自治体や学校によってばらつきがあり、高校進学の要件としての中卒資格を取得する「中学校卒業程度認定試験」や高校入学試験など、外国籍の子どもの高校進学には多くの阻害要因がたちはだかっている。

ＫＩＥＡの進学支援教室は岐阜県と可児市の義務教育年齢を過ぎた外国籍の子どもの受け皿として機能しており、近年、教室に在籍する子どもは、就労中の親に呼び寄せられて来日して間もないフィリピン人が多く占めている。他にもブラジル人、中国人やパキスタン人などが在籍していた。経済的に安定しているとは言い難い家庭環境と不慣れな日本語や日本文化の中で中卒認定や高校進学を目指すのだが、全員が1回で合格できるものではない。その辛さでドロップアウトしたり、進学を諦めて就労したりすることもある。彼らの意欲を保ち続け、合格に必須な日本語力と学力を身につけさせることを、ＫＩＥＡは工夫しながら丁寧に向き合っている。運動会、合宿や博物館の見学など、学習以外の活動が年間を通して企画されている。演劇ワークショップもその一つであるが、他のものと比べて、海外にルーツを持つ子どもがコミュニケーションを取りながら自己表現に挑むことを推奨しているという特徴が見受けられる。

二〇一七年に取り組まれたＫＩＥＡの演劇ワークショップについて紹介する。この年、ＫＩＥＡは田室寿見子（上記、「多文化共生プロジェクト」第一期の演出家）を介して二人のイギリス人講師を招聘した。二人の講師はイギリスにて、メンタル面で問題を抱える青少年、難民、失読症や学習障害のある子どもたちなど、社会の周縁に置かれている子どもたちが参加する演劇活動に携わった経験を持つ。そして、ＫＩＥＡの進学支援教室の授業の様子と生徒の状況、語学レベルや背景を把握した上で、演劇ワークショップのメインテーマを「ヒーロー」と設定し、子どもたちが自分の将来像や理想について考えることを目指した。「スーパーヒーロー」が持つ超能力を想像して演じてみる活動や、自分がヒーローだと思う実在の人を彫刻作品のように表現する活動など、身体を用いたさまざまなアクティビティが行われた。「ヒーローの彫刻」というアクティビティでは、「私のヒーローはおばあちゃんだ。なぜならフィリピンで病気になった時、おばあちゃんが世話をしてくれた」など、普段の会話では話されないような、海外にルーツを持つ子どもたち一人ひとりの心の声が表れされていた。ほかにも、来日したばかりで日本語力の低い子どもが、豊かな表現力で散髪屋さんを演じたり、火の玉を発する超能力を披露したりして大活躍する場面が見られた。

演劇ワークショップは一泊二日の合宿形式で取り組まれ、地域の大学生やＫＩＥＡの教室を経て進学した高校生など、子どもたちにとってロールモデルになるような参加者たちが関わっていた。また、数名の通訳者も参加者としてワークショップの現場に立ち会っていて、必要に応じて子どもたちのサポートをしていた。子どもたちの居心地の良い参加体制にも気を遣ったＫＩＥＡの演劇ワークショップは、観客を想定した「多文化共生プロジェクト」とは異なっていて、身体表現のプロセスを大事にした「ドラマ教育」の活動である。正嘉昭（二〇一七）は、英米を中心に発展してきた教育的な演劇活動における二つの領域、「シアター教育」と「ドラマ教育」について次のように語っている。

〈シアター教育〉は、観客を想定したところでの演劇活動（舞台芸術としての演劇）への援助・指導が軸となり、劇づくりや演劇鑑賞が含まれる。「連帯感を持つ個性的創造的人間を育てること」及び「演技表現やコミュニケーションを育むこと」をねらいとする。

〈ドラマ教育〉は、観客を想定しないところでの演劇活動（舞台芸術としての演劇のように見る・見られる関係を重要視することをしない身体表現活動）への援助・指導が軸となる。そこにはペアまたはグループで行う、コミュニケーションゲーム・表現遊び（言葉遊びを含む）・劇遊び・即興・身体表現のウォーミングアップなどが含まれる。仲間内での発表としての劇づくり（例えばクラス内でのグループ劇の発表）や、演劇的手法を活用した諸教科の授業などもここに入る。「ことばやからだ感覚を育てること」及び「表現やコミュニケーションを育むこと」「演劇の効用を活かして学ぶこと」をねらいとする。

言い換えると、「ドラマ教育」は参加者の即興的な身体表現や、参加者同士のコミュニケーションを大事にする活動であり、演技力の優劣やセリフの正確さなどを求めるものではない。ＫＩＥＡの演劇ワークショップにおいて、二人のイギリス人講師は活動ルールにのみ指示をだしていて、表現内容には指示を出さなかった。例えば、「ヒーローの彫刻」では「ペアーになって自分のヒーローを表現してください」という指示を出していたが、どのように演じるかについての指示はなかった。さらに、子どもたちから出てきたアイディアにダメ出しすることはまったくなく、すべての表現をほめたたえていた。このような状況の中で、いくつかの変化が見られた。一つ目の変化は、子どもたちの日本語を使うことへの恐怖心が低下し、日本語学習の意欲が高まったことである。二つ目は、同じ教室に在籍していて、関わり合うことが少なかった異国籍の子どもたちの間で交流が生まれたことである。三つ目は、ロールモデルの高校生や大学生と共に活動し、自分の理想像をワークショップで表現することで、子どもたちの自己認識が高まったことである。

本節では、社会包摂を謳う劇場と、外国人支援に取り組む非営利団体が、それぞれ異なったアプローチから「アートによる多文化共生」を実践している可児市の事例について概説した。次節では、地方の工業都市から離れて、日本全国で在留外国人人口が最も多い都市—東京都での文化芸術活動に着目する。

3　事例紹介二：東京都での実践

第一期「多文化共生プロジェクト」の演出に関わった田室は、二〇一四年より東京芸術劇場の人材育成事業を担当し、芸術を用いた共生社会の実現と、それに従事する人材の育成を目指して、「多文化共生」を中核とした多くの企画を東京芸術劇場で展開した。本節で紹介する事例は、東京芸術劇場が二〇二二年度に取り組んだ《東京と変身　他、影絵掌編》である。

東京芸術劇場（以下、芸劇）は人材育成・教育普及の拠点になることをミッションに掲げていて、多文化共生事業はその一環として行われている。芸劇のホームページ（二〇二四年九月最終閲覧）によると、教育普及とは「初めて音楽・舞台芸術を鑑賞する子供から大人まで、多くの人々が親しめる作品を提供し、次世代の観客を育てる。誰もが芸術文化に触れる共生社会の実現に貢献する」ことである。このことから、芸劇は実演芸術の拠点として、広義的な多文化共生を理念としていると解ることができる。

芸劇は東京都豊島区に立地している。東京都における在留外国人は六十六万人強、全国の一九・四パーセントを占めている（出入国在留管理庁 二〇二三年末）。そのなか、豊島区の在留外国人は約三万五千人、区の総人口の約一二パーセントを占めていて（豊島区住民基本台帳 二〇二四年六月一日）、東京都内の自治体では新宿区、江戸川区、足立区、江東区に次いで五番目に多い（出入国在留管理庁 二〇二三年末）。外国人人口の多い豊島区において多文化共生を目指す芸劇は、リサーチを通して海外にルーツを持つ方々とのつながりをつくり、「芸術はどのように多文化共生と結びつけられるのか」について考える「多文化共生とアートに関するリサーチ」を二〇二一年度に開始した。それまでには、芸劇研修生やスタッフに向けた多文化共生講座（二〇二〇年度）や、「多文化共生に向けたアートプログラム」（二〇二一年度）などを実施した。豊島区の外国人団体や外国人支援団体などに接触し、コミュニケーションを地道に行った結果、二〇二二年度のリサーチは《東京と変身　他、影絵掌編》というプログラムとして実った。

《東京と変身　他、影絵掌編》はインドネシアで影絵芝居「ワヤン・クリ（Wayang Kulit）」を習得した影絵師でミュージシャンの川村亘平斎を迎え入れ、キュレーターの宮本武典が企画構成を担ったプログラムである。二人は、福島やタイなどで現地のコミュニティと協働し、地域の物語などをもとにした影絵芝居を制作していたことがある。東京都においては、多文化化している現代の東京を象徴するストーリーを収集して影絵人形として表現するプロジェクトを発案し、最終的には六十人の外国人に取材した『東京影絵』（二〇二〇年発行）という記録・写真集を作成した。川村と宮本が芸劇で手がけたプロジェクト名の「掌編」とは、短編小説より短い読み物で、当該企画がリサーチを通して、豊島区に根差した海外ルーツ・コミュニティの小さなストーリーを、影絵の手法で可視化することを意味する。影絵プログラムは、川村と宮本、芸劇のスタッフと研修生、有志のプロジェクトメンバーや地域団体による協働のもと、三つの企画が実施された。筆者は影絵プログラムを企画段階から実施に至るプロセスの参与観察を行った。

「掌編一——『ニュー・トーキョー・アラベスク』インターナショナルイスラーミーヤスクール大塚の児童による影遊び」という一つ目の企画は、豊島区にあるイスラーム国際学校の子どもたちを対象としたワークショップである。子どもたちが制作した植物の影絵モチーフを一斉にスクリーンに投影し、影遊びを行った。企画を考える段階において、影絵プログラムの制作チームは、「日本イスラムセンター　マスジド大塚」の事務局とイスラーム国際学校の校長などを訪問して、イスラーム文化や学校の様子などについてレクチャーを受け、ヒアリングを行った。

二つ目の企画「掌編二―『東京と変身』日本語を学ぶ若者たちのポートレイト」では、豊島区のメロス言語学院という日本語学校に通う外国人留学生が、二日に渡って行われたワークショップに参加し、独創性の高い影絵人形を生み出した。ワークショップ二日目の最後に行われた公開発表会では、留学生の友人や家族、日本語学校の教員や一般の観客などを対象に、留学生一人ひとりが影絵人形を用いて、東京という地で思い描く「理想の自分＝変身した姿」を披露した。一人の留学生は、心臓とストローを組み合わせた影絵人形を操作しながら、このように語った（楊・他 二〇二三）。

これは、やさしい顔つきの心臓。東京に来てから、入試を準備するために多くのことを学ばなければなりません。ときどき「疲れたー」と感じます。夜更かしをしたりして。強い心臓が欲しいです。心臓の血管からはタピオカを送り出しています。私は来年入試を受けますが、今年受験する友達はみんな大変そうで、とても疲れています。彼らにエネルギーをあげたい。タピオカは、エネルギーです。

自作の影絵を媒介に、留学生は次から次へと登場し、国を越えて夢を追い求める素直な心境と葛藤を、会場の観客に打ち明けていた。

三つ目は、「掌編三―『わたしのこもりうた』海外ルーツの母たちの声を聴く」という公演の企画である。二〇二〇年六月に豊島区で設立されたNPO団体Mother's Tree Japan（以下、マザーズ・ツリー）のボランティアスタッフまたは利用者の外国人女性によって語られた人生の思い出が、影絵芝居として上演された。マザーズ・ツリーは、出産育児世代の外国人女性のサポートをしている団体である。日本では外国語対応の病院が少なく、外国人女性は妊娠、出産や育児にまつわるさまざまな困難を抱えている。彼女たちの聴こえざる声を聴く機会を作り出す、という趣旨でマザーズ・ツリーに影絵の企画を協力してもらった。

インタビューを通して東京で暮らす子育て世代の外国人女性のライフストーリーを地域住民に届ける影絵芝居の公演は、第二節で紹介した「ドキュメンタリー演劇」と親和性がある。ベトナム、ミャンマー、中国とタイにそれぞれ出自を持つ外国人女性たちは、少子高齢化する現代の日本社会において、文化・言語の壁に立ち向かいながら出産・育児を経験していることにおいて共通している。取材協力に限らず、影絵芝居にも出演したベトナムのバンさん（実名）（写真1）の語りを取り上げて紹介する。

（前略）
出産後も、ベトナムだったら
三ヵ月くらいは家のなかで身体を休めて、

写真１　バンさん（左）が影として出演している様子（撮影：筆者）

赤ちゃんの世話は両親が代わりにやってくれるのですが、
異国の日本では何とか自分でやるしかない。
（中略）
妊娠出産はカルチャー・ショックの連続でした。
（中略）

夫の仕事も忙しかったんです。
とにかく朝が早くて夜が遅い。
（中略）
子育ては私一人が抱えていて、仕事も続けたかったけど、
両立するのは難しい状況でした。
体力的にも精神的にも孤立して、つらい日々が続きました。
ベトナム人コミュニティともつながれず、

新しい子育ての知識を教えてくれたり、
相談できる友達もいなかったです。
（中略）
この二年、新型コロナウイルスの影響もあって、
夫の仕事はさらにたいへんになりました。
私もストレスがたまって、
娘を連れてベトナムに一時帰国したりと、
このままでは家族がバラバラになってしまうと、
夫と冷静に話し合いました。

「いまいちばん大事なものは何？」
「家族なの？　仕事なの？」

夫は決断し、転職しました。
ベトナムの両親もサポートしてくれました。

いま私は医療通訳者として、

たくさんのベトナム人家族をサポートしていますが、
私たち三人も、環境や決断がちょっとでも違ったら、
どうなっていたかわかりません。

（上演台本より抜粋）

バンは三歳の時に両親と離れて祖母に育てられた。日本で生まれた娘には愛情をたっぷり注ぎたかったのだが、子育ては決して順調とは言えなかった。夫と相談してから、現在は夫や家族の協力を得て、子育てしながら仕事を続けられているようだ。バンは東日本大震災の時、ベトナムのダナンで看護の勉強をしていた学生で、東北の復興に役立てる人になりたいと考えた。その後、日本の老人ホームで介護士として働いていたバンは、出演当時、ベトナム語の医療通訳者として技能実習生などをサポートしていた。

（前略）
妊娠した技能実習生の通訳はつらい仕事です。
会社は利益のために「出産しちゃダメ」とか、
「出産したら帰国させる」と強く言うので、
彼女たちは不安でいっぱいです。

医療通訳者は中立なので、
ベトナム人の女性として苦しい立場です。

私の通訳の技量はまだまだです。
でも続いているのは、やっぱり、やりがいを感じているから。
それはかつての私自身を助けることでもあるからです。

（上演台本より抜粋）

「掌編二」と「掌編三」は、豊島区とその周辺で暮らす外国人の個別性に光をあてて、日本社会に潜むミクロな事象を露わにするものだと言えるだろう。芸劇が実施した「掌編二」の観覧者アンケートでは、「表現を通して他者の内面に触れることができる可能性を確認した」や、「参加者一人ひとりの文化と個性が、影絵の躍動感と『影』という媒介物を通して、他者に共有されていく様子に心が動きました」という回答が見られた。このことから、影絵芝居は影に息を吹き込み、人物の存在を鮮明に浮かび上がらせるように機能することが確認された。他方、「掌編一」、ムスリムの子どもたちに向けた影絵のワークショップは、多文化・多言語の子どもたちが純粋に制作を楽しみ、植物モチーフを投影する遊びを通して、作品を完成した達成感を味わう体験を得たのではないだろうか。

4　多文化共生としての意義

本節では、第二節と第三節で言及した事例が、多文化共生の視点から見た時にどのような意義を持つのかについて述べる。可児市と東京都の実践において、海外にルーツを持つ子どもたちまたは外国人住民が文化芸術を通して自己表現するというエンパワメントの側面と、外国人住民の声を拾い上げて地域住民に届けるという情報伝達の側面が含まれていて、この両側面に分けて論じることとする。

文化や言語のマイノリティ性を抱える海外にルーツを持つ子どもたちにとって、日常生活で経験する抑圧を逆のベクトルで発散するアクティビティはとりわけ重要である。文化芸術活動が自己表現の場として機能する場合、子どもたちに自身の得意分野や知られざる才能を発揮・発見する機会を提供し、子どもたちの狭まった自己認識を広げ、学習や社会生活に打ち込むエネルギーを増幅させる。ＫＩＥＡの演劇ワークショップにしても、イスラーム国際学校の影絵制作ワークショップにしても、教科学習とは別の活気にあふれた子どもたちの姿を、筆者は目の当たりにしていた。進学支援の一環として実施されたＫＩＥＡの演劇ワークショップは、ドラマ教育の手法が功を成して、子どもたちの自発的な表現欲求を掻き立てた。結果、進学支援教室の子どもたちの自信が確立され、学習意欲が高まったという効果を誘発した（第二節参照）。進学支援教室の子どもたちが対峙する課題の重大さを勘案すると、文化芸術活動は、ささやかではあるかもしれないが、子どもたちの社会に対するフラストレーションを軽減し、社会への適応や課題の克服に向かう力を育むものとして、若年層外国人の社会包摂に働きかけ、次世代の日本社会の構成員との多文化共生に資するものであると示唆される。しかし、文化芸術活動による自己表現の場を設けることが有意義であるとはいえ、即興的なアイデアや内発的な表現を受け止めるドラマ教育の姿勢や、通訳など言語的・文化的な障壁を低減する現場の運営体制づくりが不可欠であることも、ここで指摘しておく。

次に、文化芸術を通じて多文化共生のメッセージを届ける、情報伝達の側面にフォーカスしたい。アーラで行われた第一期の「多文化共生プロジェクト」、及び芸劇で行われた「掌編二」と「掌編三」では、いずれも外国人住民の個人的な思い、あるいはライフストーリーをもとにして公開パフォーマンスを実施した。国や民族を単位として文化を紹介し合う一般的な国際交流に比べて、ドキュメンタリー演劇の手法を通じた異文化の接触は、私小説を吟味するかのような体験を経て、固定化された外国人へのイメージを更新し、オルタナティブな外国人像を観客各々の中で再構成することを可能とする。外国人の「個」としてのバックグラウンドを読み解く作業は、時には外国人が直面している社会状況を把握し、日本社会へのビジョンを多文化共生という視点から見つめ直すことにつながる。第一期の「多文化共生プロジェクト」に参加した日本人市民が、多文化共生の無関心層から担い手へと変貌したこと（第二節参照）が示しているは、ドキュメンタリー演劇の手法のように、個々人の語りをつなぎ合わせ、一括りでは語ることのできない多種多様な外国人の実像を映し出す文化芸術活動は、日本人市民の多文化共生への理解を深める力を秘めていることである。そして、地域の日本人住民と外国人住民の出会いの場を作り出す文化芸術活動及び文化施設は、「アートによる接触の迂回路」を生み出し、日常生活で触れ合うことのない人々の交流を醸成する異文化理解のハブとなりうる。

ドキュメンタリー演劇の手法が一個人の感情の吐露を助ける一方で、過度にプライベートを他者に暴露する危険性をはらんでいることには注意を払うべきである。少なくとも、感動ポルノと呼ばれるような、マイノリティ側（外国人）の苦難をマジョリティ側（日本人）が消費してしまうことと、話者が過去に経験したマイナスの感情を呼び起こしてしまうことには配慮が求められるだろう。例えば、第一期の「多文化共生プロジェクト」の参加者には、オーストラリアに渡り住んだボスニア難民のGさんがいて、彼は日本人妻の実家の可児市を訪れた際にドキュメンタリー演劇に出演した。ボスニア紛争の記憶を舞台で語ったGさんは、本番に近づくにつれて動揺し始め、一回目の公演が終わった直後に「もう二度とやりたくない」と舞台袖で号泣していたことを、このように振り返っていた（松井・田室 二〇一七）。

公演当日、私は力がみなぎるのを感じ、色々な感情やらプライドやらで胸がいっぱいになりながら、全身全霊を捧げて演じた。感情をさらけ出すことはもう怖くなかった。記憶がまざまざと戻ってくるに任せ、心を込めてモノローグを語った。そうしてようやくその日の第一回目の幕が下りたときには、ボスニアでの「現実」がまるで手のすぐ届くところまで戻ってきたように感じ、驚き、動揺したことを覚えている。（中略）その日二回目の公演では、（中略）サラエボの恐怖におびえた夜に何度も使っていたような手製のオイルキャンドルを吹き消した瞬間、亡き母の顔が目の前に浮かんだ。明かりが消えるのは、ステージを降りる合図だった。私はバックステージのトイレに駆け込み、溢れる出る涙にむせび泣いた。今思い起こすと、このときの経験は、すべてがかけがえのないものになったと思う。過去の傷を洗い流し、ボスニア紛争を「過去の棚」へと、そっと片付けてくれたのだから。

PTSD（心的外傷後ストレス障害）の症状が現れるほど没入して演じたGさんのパフォーマンスは、観客に強い印象を残した一方、出演した本人にとっては過去のフラッシュバックを受け止める辛いひとときになっていた。ドキュメンタリー演劇のような手法を取るには、準備段階から出演者との慎重なコミュニケーションを重ねることが肝要である。

本章で述べてきたように、文化芸術活動は複数の側面において多文化共生に寄与するポテンシャルを持っている。その大きな要因は、文化芸術が日本人／外国人を規定する境界線を超えて、文化の混交を誘発する接点となっているからである。先述した「アートによる接触の迂回路」は、平行線のように文化が「共在」する状況から、文化が交差する「共創」へと導くペースを意味する。多元的な価値観を持つ文化的・言語的背景の異なる人々が、文化芸術活動の現場でコミュニケーションを取り、表現し合う。言い換えると、日本人／外国人の境界線を揺さぶることや、多文化・多言語の人々が共創するプロセス自体が、「アートによる多文化共生」を特徴づけている。多文化芸術活動の現場において、多様な人々の関わり合いが有機的に行われることは、微小でありながら多文化共生社会へと移行することに力を添えるのではないだろうか。

参考文献

「ala まち元気プロジェクトレポート二〇〇九」可児市文化創造センター　https://kpac.or.jp/ala/town about/#pdf　二〇二四年九月三〇日最終閲覧。

衛紀生「『社会包摂は流行り言葉』という不見識。」館長の部屋・エッセイ、可児市文化創造センター　https://kpac.or.jp/ala/essaylist/eiessey169/　二〇一五年二月二八日最終更新。

大井智香子（二〇〇八）「外国籍住民集住地域における地域福祉活動の実態と課題——岐阜県可児市の住民組織の取り組みから」『中部学院大学・中部学院短期大学部研究紀要』九号、一一一–一二二頁。

川村千鶴子（二〇一八）「多様性を活力に変え、格差社会の分断を防ぐ多文化共創社会」『多文化社会研究』第四巻、五七–七二頁。

塩原良和（二〇一三）「日本における多文化共生概念の展開」『人の移動事典』丸善出版。

松井かおり編著・田室寿見子著（二〇一七）『ドキュメンタリー演劇」の挑戦——多文化・多言語社会を生きる人たちのライフヒストリー』、成文堂。

中村美帆（二〇一八）「文化政策とソーシャル・インクルージョン——社会的包摂あるいは社会包摂」『文化

政策の現在2　拡張する文化政策』小林真理編、東京大学出版会、八九―一〇六頁。

正嘉昭（二〇一七）「演劇教育とは何か――生きた表現とことばの学びの地平」『日本語学』第三六巻三号。

楊淳婷（二〇一九）『多文化化する日本社会におけるアートと社会的包摂――外国人住民と関連した芸術表現活動を事例に』東京藝術大学大学院音楽研究科博士学位論文。

楊淳婷・他（二〇二三）『東京芸術劇場　多文化共生とアートに関するリサーチ（国内）二〇二二　レポート「東京と変身」他、影絵掌編』（二〇二三年六月一日発行）。

International Organization for Migration (IOM). (May 2024) *The World Migration Report 2024.*

第二部　実践の現場

武蔵野アール・ブリュット2024
撮影：川村陶子

第四章　武蔵野アール・ブリュットの挑戦

――「アートを通した多様性を大切にする地域づくり」の課題と展望――

川村陶子

1　なぜ、アール・ブリュット？――市制七〇周年と東京二〇二〇

二〇一六（平成二八）年度、武蔵野市の施政方針には、「市政運営の基本的考え（6）環境と文化の創造」の後半、「東京二〇二〇オリンピック・パラリンピック競技大会等に向けた都市文化の創造」という項目の最後に次のような文章が掲載された。

「また、本市にふさわしい文化振興のあり方を明確化していくとともに、市民の芸術文化活動を支援し、広く来訪者の皆様にも披露していきたいと思います。さらに、市内で活動する障が《マ》い《マ》者の芸術文化活動等を支援し、アール・ブリュット展などの開催を検討します。専門的な芸術教育を受けていなくとも、感性で表現された作品の素晴らしさを多くの方々に伝えていきたいと思います。」

武蔵野アール・ブリュットは、この「アール・ブリュット展などの開催を検討します」という文言から生まれた市民協働のアートプロジェクトである。医薬品開発業務に携わるかたわら美術家およびアートディレクターとして活動する三友周太氏の監修の下、市の関係者と市民代表で構成する実行委員会が中心となり、武蔵野市立吉祥寺美術館をメイン会場としてほぼ毎年、既成の表現法にとらわれない方法や発想で制作された作品の展示、一般向けのワークショップなどをおこなってきた。第一回は武蔵野市の市制七〇周年記念事業のひとつとして二〇一七年七月に開催、その後は東京二〇二〇文化オリンピアード公認プログラムの枠で実施され、東京オリンピック・パラリンピック終了後も「アートを通した多様性を大切にする地域づくり」というモットーの下、武蔵野市の事業として継続している。二〇二四年一二月現在、市では第一回の開催から一〇年の節目にあたる二〇二六年度までの実施を決めている。

アール・ブリュットは「生（き）の芸術」ともよばれ、日本国内では二〇一〇年代から注目を集め、後述するように障害のある人たちの芸術活動と密接な関わりをもちながら振興されてきた。武蔵野市が位置するJR中央線沿線では、中野（NAKANO街中まるごと美術館、二〇一一年〜）、立川（アール・ブリュット立川、二〇一五年〜）がアール・ブリュットを看板とするアートプロジェクトを民間主体で進めている。二〇二二年からは三鷹でも、市と商店連合会の主催で「アール・ブリュットみたか」がおこなわれるようになった。武蔵野アール・ブリュットは、市長の発案によりつつ、実際のプロジェクトは市関係者と市民代表が協働する実行委員会が企画運営し、幅広い意味での多様性――「障害のある方だけでない多様な人たちがアートを通じてつながる」社会（武蔵野アール・ブリュット二〇二四広報媒体リード文）――を追求してきた点が特徴的である。

筆者は日ごろ国際文化交流や文化多様性にかかわる政治・政策の研究にたずさわっているが、縁あって二〇一九年度から武蔵野アール・ブリュット実行委員会（以下、実行委員会と表記）の委員をつとめてきた。本章では研究者の立ち位置から、共生社会のための地域アートプロジェクトとしての武蔵野アール・ブリュットの意義を考えたい。過去八年間の武蔵野アール・ブリュットのあゆみをふりかえり、そこで実行委員会が直面してきた難しさを、「アール・ブリュットという枠で共生社会を模索すること」「自治体が市民協働でアートプロジェクトをおこなうこと」という二つの切り口でひもとき、このプロジェクトの可能性を考察する。

二〇一九年七月、筆者は成蹊大学にて、中央線沿線の三つのまちにおけるアール・ブリュット振興活動を比較するシンポジウムを、武蔵野アール・ブリュット二〇一九の関連イベントとして実施した。本章はその際の議論をふまえた小論（川村二〇二〇）の一部を生かしつつ、その後の実行委員会での経験をもとに、武蔵野市の文化政策における武蔵野アール・ブリュットの位置づけについても考察を加えている。執筆にあたっては、実行委員会の現・元関係者の皆様から貴重な資料や情報を共有していただいた。なお筆者は初めの二年度の実行委員会には関わっておらず、第一回は展示も鑑賞していないため（一生の不覚である）、初期の実行委員会の活動をめぐる論述は伝聞や記録に基づくことをお詫びしたい。

本章の内容は筆者の個人的見解に基づいており、武蔵野アール・ブリュット実行委員会の意見を代表するものではない。プロジェクトにかかわる論述はことわりなき限り、武蔵野市および吉祥寺美術館のウェブサイト掲載情報、そして実行委員会の会議資料に依拠している。インターネット情報は二〇二四年一二月時点のものである。なお「障害」は、二〇二四年現在の武蔵野アール・ブリュットの用法に従い漢字で表記する。引用箇所で「障がい」と表記されている場合は原文表記のままとした。

2　武蔵野アール・ブリュットのあゆみ——立ち上げから今日まで

武蔵野アール・ブリュットは、二〇一〇年代半ば、当時の邑上守正市長（在任二〇〇五〜一七年）の発案で始まった市民協働型アートプロジェクトである。熊倉純子らはアートプロジェクトを「現代美術を中心に、おもに一九九〇年代以降日本各地で開催されている共創的芸術活動」であり、「作品展示にとどまらず、同時代の社会の中に入りこんで、個別の社会的事象と関わりながら展開される」と定義し、特徴として制作プロセスの重視、さまざまな属性の人びととのコラボレーションなどを挙げる（熊倉二〇一四：九）。武蔵野アール・ブリュットは、市のウェブサイトでは「市民協働によって作り上げるアート展です」と記され（「これまでの武蔵野アール・ブリュット」二〇二四年一一月二〇日最終更新）、大半の年度で作品展示をメイン企画としているが、ライブ型や参加型の催しもおこない、市内の多様な立場の人たちが事業の企画実行に携わっていることから、本章では広い意味でのアートプロジェクトと位置づける。

第一回の武蔵野アール・ブリュット二〇一七から本稿執筆中に終了した武蔵野アール・ブリュット二〇二四までのプロジェクト概要は表1のとおりである。年度ごとにテーマ（タイトル、コンセプト）を設定し、作品展示やワークショップなどを実施してきた。例外として、コロナ禍の二〇二〇年度はフェイスブックでのバーチャル開催となり、二〇二二年度は年次テーマなしでPR活動を実施した。実行委員会はおもに、武蔵野市内で福祉（とくに障害者福祉）、芸術（美術）、教育（青少年、子育てを含む）の分野で活動する人たちで構成され、歴代の実行委員長は福祉分野から輩出している。実行委員は全員が無給のボランティアである。これまでの活動は大きく、二〇一七・二〇一八年度の第一期、二〇一九年度から二〇二一年度までの第二期、二〇二二年度以降の第三期に分けられる。

第一期は市政七〇周年記念およびオリ・パラ文化事業としてプロジェクトが発進した時期である。障害のあるひとたちの余暇活動、地域活動を推進する「NPO法人ペピータ」代表の酒井陽子氏を実行委員長に、吉祥寺美術館を含む複数会場で作品展示を軸とするイベントを開催した。市役所の所轄課は健康福祉部障害者福祉課で、二〇一七年度は同課が事務局機能も担っており、市側ではパラリンピックの文化イベントという意識が強かったことがうかがえる。

武蔵野市に関わる人たちの力を借り、市民協働による実行委員会形式でまちを盛り上げるというアートプロジェクトの基本方針は、委員会の立ち上げを担った当時の障害者福祉課長、吉清雅

2021	2022	2023	2024
みる・つくる・つながる	N/A	+0.5（ぷらすれいてんご）	きづきのつづき
2021年７月17日～21日	①2022年12月16日～18日 ②2023年２月25日～26日 ③３月26日（雨天により中止）	【プレイベント】 2023年９月30日 【本イベント】 2023年12月８日～11日	2024年12月６日～９日
武蔵野市立吉祥寺美術館	①武蔵野プレイス１階ギャラリー ②吉祥寺駅南北自由通路「はなこみち」 ③武蔵野タワーズ	【プレイベント】 武蔵野タワーズ 【本イベント】 武蔵野市立吉祥寺美術館	武蔵野市立吉祥寺美術館 HANDo KICHIJOJI （サテライト会場、12月７日～８日）
企画展	ワークショップ、パネル展示	パネル展示、感覚の体験、感じる展示と体感、2023年度ワークショップの作品展示	企画展
監修者によるガイドツアー、実行委員のコメント、会場準備の状況などの動画を Facebook で配信	N/A	【プレイベント】 道あそび、パネル展示 【本イベント】 ワークショップ（対話型アート鑑賞、点描画合作、「むさしのちゃん」コースター制作）、セミナー	ギャラリートーク RAKUGAKI ワークショップ 対話型アート鑑賞 来場者による感想の交歓 まちなかアート（写真投稿による参加型プロジェクト）
565名	N/A	397名	731名（美術館来場者）
森新太郎 （NPO 法人ミュー）	森新太郎 （NPO 法人 KITARU）	森新太郎 （NPO 法人 KITARU）	柳亮一郎 （社会福祉法人武蔵野）
福祉３、芸術３、教育２	福祉４、芸術３、教育１	福祉４、芸術３、教育１	福祉４、芸術３、教育１、公募２（当初３）
三友周太 （Artist/Pharamacist） 酒井陽子 （NPO 法人ぺピータ） 坂口寛敏（東京藝術大学名誉教授）	三友周太 （Artist/Pharamacist） 酒井陽子 （NPO 法人ぺピータ） 坂口寛敏（東京藝術大学名誉教授）	三友周太 （Artist/Pharamacist） 酒井陽子 （NPO 法人ぺピータ） 坂口寛敏（東京藝術大学名誉教授）	三友周太 （Artist/Pharamacist） 酒井陽子（NPO 法人ぺピータ、～2024年４月） 坂口寛敏（東京藝術大学名誉教授）
武蔵野市立吉祥寺美術館	武蔵野市立吉祥寺美術館	武蔵野市立吉祥寺美術館	武蔵野市立吉祥寺美術館
市民部市民活動推進課	市民部市民活動推進課	市民部市民活動推進課	市民部市民活動推進課
松下玲子	松下玲子	松下玲子→小美濃安弘（2023年12月に交代）	小美濃安弘

表１　武蔵野アール・ブリュットのあゆみ（筆者作成）

年度	2017	2018	2019	2020
テーマ	ヒトが表現するということ	「描かずには／創らずにはいられない」ストーリーに迫る	【こだわ・り】	ヒトが表現するということ、再び
会期	2017年７月７日～９日	2018年７月20日～23日	2019年７月５日～８日	2020年７月16日～26日（コロナ禍のため中止）
会場	武蔵野市立吉祥寺美術館 ギャラリー永谷１、２ アートギャラリー絵の具箱	武蔵野市立吉祥寺美術館 ギャラリーケイ	武蔵野市立吉祥寺美術館	武蔵野市立吉祥寺美術館
メイン企画	公募展	企画展	企画展	公募展
関連企画	映画「アール・ブリュットが生まれるところ」上映とアフタートーク ワークショップ（ヒモニンゲン制作）	成蹊大学文学部現代社会学科「コミュニティ演習」報告発表会 ペインターしげペンキアートライブ 三友周太氏の取材レポート	監修者によるギャラリーツアー 記録映画「武蔵野アール・ブリュットが生まれるところ」上映とテーブルトーク 参加型イベント「100 colors have 100 stories」	実行委員会 Facebook にて作品を公開（123点の作品のうち了承を得た115点。2021年３月まで随時）
来場者数合計	2,856名	1,712名	1,342名	N/A
実行委員長	酒井陽子（NPO 法人ペピータ）	酒井陽子（NPO 法人ペピータ）	森新太郎（NPO 法人ミュー）	森新太郎（NPO 法人ミュー）
市民委員構成	福祉５、芸術３、教育３	福祉５、芸術３、教育２	福祉４、芸術３、教育２	福祉４、芸術３、教育２
監修、アドバイザー	三友周太（Artist/Pharamacist）	三友周太（Artist/Pharamacist）	三友周太（Artist/Pharamacist） 酒井陽子（NPO 法人ペピータ） 坂口寛敏（東京藝術大学名誉教授）	三友周太（Artist/Pharamacist） 酒井陽子（NPO 法人ペピータ） 坂口寛敏（東京藝術大学名誉教授）
事務局	市役所健康福祉部障害者福祉課	武蔵野市立吉祥寺美術館	武蔵野市立吉祥寺美術館	武蔵野市立吉祥寺美術館
市役所所轄課	健康福祉部障害者福祉課	健康福祉部障害者福祉課（市民部市民活動推進課）	市民部市民活動推進課	市民部市民活動推進課
市長	邑上守正→松下玲子（2017年10月に交代）	松下玲子	松下玲子	松下玲子

英氏があみだしたものである（以下の論述は二〇二四年八月に筆者が実施したインタビュー、およびその際に吉清氏から共有されたメモに基づく）。氏によれば、二〇一五年四月に障害者福祉課へ着任した際、引き継ぎ事項のひとつに「障害者アートの美術展を開催する」という市長からのミッションがあった。同年一〇月には邑上市長に同行してアール・ブリュット立川を視察、帰りの車中で市長から「ああいうのをやりたいんだよね」と言われたという。翌年明け、二〇一六年度の施政方針に「アール・ブリュット展などの開催」という文言が掲載され（本章冒頭で引用）、これをうけて急ピッチで企画書を作成、八月に実行委員会を招集した。この間、全国各地のアール・ブリュットの作品や活動を見て回り、実行委員会メンバーとも話し合うなかで、「武蔵野アール・ブリュットは障害者限定とは違う」という姿勢が固まった。第一回のメイン企画は公募展だったが、作品応募の資格は「武蔵野市に何らかの繋がりがある方」となり、応募要項の募集内容欄には以下の文言が載せられた。

「アール・ブリュットとは「生（き）の芸術」と表され、既成の表現法にとらわれずに独自の方法と発想で制作された美術作品のことです。障害のあるなしに関わらず、表現したい気持ちを自由に発揮したワクワクする作品をお待ちしています。なお、過去に受賞歴のない作品に限ります。」

写真1　武蔵野アール・ブリュット2017 吉祥寺美術館展示室の様子
（提供：武蔵野市立吉祥寺美術館）

二〇一七年七月、「ヒトが表現するということ」というタイトルの下、一次・二次審査を通過した作品一二〇点が四会場に分けて展示され、猛暑のなか、展示作家やその家族を含めて四日間でのベ二八五六名が来場した（写真1）。会場のひとつ、中道通り沿いのアートギャラリー絵の具箱には通常展示の七倍以上の来場者があり、小さな展示室が笑顔であふれた（藤本二〇一八：九―一一）。吉祥寺美術館では公募作品の授賞式や、ドキュメンタリー映画「アール・ブリュットが生まれるところ」（代島治彦監督）の上映とアフタートークも開かれた。美術館が入居するコピス吉祥寺の屋外ウッドデッキでは、監修者の三友氏による「ヒモニンゲン」制作ワークショップがおこなわれた。

この間、二〇一七年四月に吉清氏が障害者福祉課から異動し（七月のイベント開催まで実行委員会オブザーバー）、実行委員会は酒井委員長と三友氏を軸とする構成となった。発案者の邑上市長も同年一〇月に退任し、プロジェクトは後継の松下玲子市長の下で展開することになる。実行委員会の事務局は二〇一八年度、吉祥寺美術館に移った。同年度のイベント「『描かずには／創らずにはいられない』ストーリーに迫る」では、成蹊大学文学部から伊藤昌亮教授が実行委員として関与し、現代社会学科の授業「コミュニティ演習」との連携が実現した。メインの企画展示ではペンキ職人を本業とする作家ペインターしげのアートライブもおこなわれ、注目を集めた。

第二期は、プロジェクトが東京二〇二〇の開催に向けたイベントとして運営されつつ、市の文化事業としての位置づけが固まった時期といえる。施政方針では主要施策の「第3 文化・市民生活（二〇二〇年度以降は平和・文化・市民生活）」のセクションに武蔵野アール・ブリュットを記載することが定着し、二〇一九年度から二一年度まで「アートを通した、多様性を大切にする地域づくり」の一環として実施するという形容がなされた。吉祥寺美術館が行政側の中心的実行主体となり、同美術館を管理する公益財団法人武蔵野文化事業団の事務局長（事業団は二〇二二年度に改組、以後は公益財団法人武蔵野文化生涯学習事業団文化事業部長）が実行委員会に関与するようになる。市の所轄課も文化施設を管轄する市民部市民活動推進課に移った。実行委員会は人数がやや縮小し、市関係者が実行委員名簿から外れた一方で（事務局機能と会議参加は継続）、監修者の三友氏に加えて第一期の実行委員長だった酒井氏、二〇一七年度に公募展審査委員をつとめた坂口寛敏氏（東京藝術大学名誉教授、武蔵野文化事業団理事）の三名がアドバイザリーチームとなり、ブ

写真２　武蔵野アール・ブリュット2019 参加型アート「100 colors have 100 stories」（撮影：筆者）

レイン的な役割を果たすようになった。

武蔵野アール・ブリュット二〇一九は、作家やその周囲の人たちの「こだわり」をテーマとする企画展をメインとし、代島治彦監督による「武蔵野アール・ブリュットが生まれるところ」の上映とテーブルトークもおこなった。美術館ロビーでは来場者が色紙でつくった作品を集積する参加型アートを実施、成蹊大学学生ボランティア本部Ｕｎｉ．が会場サポーターとして協力した（写真２）。オリ・パラの本番となる翌二〇二〇年度は初年度に回帰する形で公募展「ヒトが表現するということ、再び」を企画したものの、感染症拡大でイベントは中止となり、審査を通過した作品一二三点のうち了承を得た一一五点を実行委員会フェイスブックで公開した。実行委員会は二〇二一年一月には活動を再開し、感染症予防に神経を使いつつ、同年七月に企画展「みる・つくる・つながる」を開催した。来場者数はコロナ禍前の半分以下に減ったが、動画配信などをおこない、創作や鑑賞を通した人のつながり拡大に努めた。

第三期はオリ・パラとコロナ禍を経た新たな模索の時期である。武蔵野アール・ブリュットは、市の施政方針においては引き続き毎年、主要施策の「第3平和・文化・市民生活」セクション内、「豊かで多様な文化の醸成」の項に記載されている。市側では文化オリンピアードの枠がなくなった後も、当面の間は事業を実施する流れができたといえる。その反面、まちのアートプロジェクトとして定着するには、より多くの市民に武蔵野アール・ブリュットを知ってもらい、活動のサポーターやファンを獲得することが求められる。実行委員会は会則が定められ、任期二年となり、二〇二六年度の一〇周年を目標として長期的視野で活動を盛り上げる使命を負うことになった。武蔵野文化生涯学習事業団文化事業部長、市役所市民活動推進課長も実行委員会の正規メンバーとなり、名実ともに市と市民が協働する体制がつくられた。

二〇二二年度は美術館での展示を休止して、まちなかで「武蔵野アール・ブリュットを知ってもらう」ポップアップイベントをおこなった。武蔵境（一二月）、吉祥寺（二月）、三鷹（三月）の各駅近くにこれまでの活動を紹介するパネルを展示し、通りがかる人たちに創作を体験してもらった（三鷹のイベントは雨天中止となり二〇二三年九月に実施）。武蔵野アール・ブリュットのキャラクターとして、三友氏がデザインしたロゴ「むさしのちゃん」（図1）も誕生した。「むさしのちゃん」の巨大オブジェの脇でおこなうヒモニンゲンの制作・撮影ワークショップは家族連れに大人気となった。

二〇二三年度には吉祥寺美術館でのイベントが復活した。ただしアール・ブリュット作品の展示を中心とする従来の形式ではなく、来場者自身が「創造する」ことを感じ、体験できる場の提供がメインとなった。テーマの「＋０．５（ぷらすれいてんご）」には、本業でさまざまな特性の人と接する実行委員の、「〝全力で頑張る〟だけでなく、ふっと力を抜いた瞬間に生じる〝ささやかなゆらぎ〟や〝少しの変化〟を感じることを大切にしたい」という思いが込められていた。来場者数は四〇〇名弱と歴代最少だったが、紙袋を全力と半分（〇・五）の力で握って結果を展示するコーナー、シールアート創作体験、点描画の合作や「むさしのちゃん」コースターの制作などを幅広い年齢層の来場者が楽しんだ。

図１　武蔵野アール・ブリュット ロゴ「むさしのちゃん」

二〇二四年度の実行委員会では、初年度以来プロジェクトの大黒柱だったアドバイザーの酒井氏が任期途中で引退した。その一方、実行委員に公募枠が設けられ、従来の市委嘱メンバーに加えて市内のアートＮＰＯ代表や鉄道会社のデベロッパーが委員として活動している。

「アートとは気づきの生まれるところ」という坂口アドバイザーのことばから発想を得たコンセプトの下、企画展やワークショップ、写真投稿型の参加企画などを複数会場で実現し、前年度の二倍近い来場者を得た。吉祥寺美術館ではギャラリートークや対話型アート鑑賞活動が実施され、来場者と出展作家らの会話、短冊による感想交歓で展示室が賑わった。また、前年度に引き続き、近隣大学から学生ボランティアを募り、会場サポートに加わってもらった。市の施政方針では、小美濃安弘新市長（二〇二三年十二月就任）の下、武蔵野アール・ブリュットを「アートを通した多様性を大切にする地域づくりの一環として」実施するという表記が三年ぶりに復活した。

以上のように、武蔵野アール・ブリュット実行委員会では、多様な立場の市民代表が市関係者と討議を重ね、市民協働による「アートを通した多様性を大切にする地域づくり」を模索してきた。活動を継続するなかで、中野や立川など、アール・ブリュットを振興する他のまちのアートプロジェクトとは異なる個性が育ってきている。

同時に筆者は、実行委員会がこの八年間、常にある種の難しさに直面してきたとも実感する。その難しさは、当初の目標だった二〇二〇年の本番がコロナ禍に直撃されたこととは次元が異なるもので、「アートを通した多様性を大切にする地域づくり」という理念や行為そのものに内在する問題でもあるように思われる。具体的には、アール・ブリュットという枠組み、市民協働の自治体アートプロジェクトという二つの切り口で検討する必要があるだろう。

3　アール・ブリュットという枠組み――「創造の土俵」の広がりをどう実現するか

ひとつめの難しさは、アール・ブリュットという事業の枠組みないし看板にまつわる問題である。アール・ブリュットはフランスの画家ジャン・デュビュッフェが一九四五年に提唱した概念で、フランス語で「生（き）の芸術」「加工されていない芸術」をさし、「既存の芸術システムの『外部（アウトサイド）』に位置づけられた人々の手からなり、また、そう認識するに足る独創性を持つと判断された作品あるいは作品群」（小林ほか二〇二一：二四七）といった定義がなされてきた。武蔵野アール・ブリュットでは長年、「既成の表現法にとらわれずに独自の方法と発想で制作された美術作品」という説明を用いてきた。しかし現実には、とりわけ日本において、アール・ブリュットは障害者の芸術文化活動や障害者アートと密接に関わっている。このことが、アール・ブリュットを名称に含む事業で「（幅広い意味の）多様性を大切にする地域づくり」を実現する際に、特有の難しさをもたらしていると筆者は考える。

デュビュッフェは「芸術文化の中で無傷なもの」（シャンプノワ二〇一九：三五）だけを芸術とみなし、精神病者の芸術作品に触発されつつそれを医学の分野から切り離して純粋な芸術として評価するために、「狂人の芸術だけではなく、より広い意味で通常の美術界とは無縁の人たちが作った作品」という意味でアール・ブリュットという造語を用いた（服部二〇〇三：四八）。これに一九七二年、英国のロジャー・カーディナルがアウトサイダー・アートという英訳語をあて、日本では一九九三年に世田谷美術館が「パラレル・ヴィジョン―二〇世紀美術とアウトサイダー・アート」展を開催し注目された（服部二〇〇三：一八―二〇、中谷二〇〇九：二一九―二二〇）。

日本でアール・ブリュットという語が流通するようになったのには、滋賀県近江八幡市にあるボーダレス・アートミュージアムNO－MA（以下NO－MA）が、ヨーロッパのアール・ブリュット専門美術館とともにおこなった一連の事業のインパクトが大きい。NO－MAは障害者の文化活動支援を事業の一環とする滋賀県社会福祉事業団（二〇一四年、社会福祉法人グローに改組）によって二〇〇四年に設立され、〇七年まではボーダレス・アートギャラリーNO－MAとして活動した。その後デュビュッフェが設立したスイスのアール・ブリュット・コレクションと連携し、二〇〇八年から〇九年にかけてローザンヌで「JAPON」展、日本国内三会場で「アール・ブリュット／交差する魂」展を実施した。さらにフランスのアル・サン・ピエール美術館の申し入れにより、二〇一〇年から一一年にパリで日本の作家六三名の出展による「アール・ブリュット・ジャポネ」展を開催、同展は一二万人の来場者を集め、日本でも同じ作品で凱旋展と巡回展がおこなわれた。終了後には日本財団が中心になり、アール・ブリュット作品の収集や保存、展示の場の充実が進んだ（長津二〇一八：四二―四三）。同展の成功はさらに、二〇一三年に発足した「二〇二〇年東京オリンピック・パラリンピックに向けた障害者の芸術文化振興議員連盟」の活動を後押しし、厚生労働省と文部科学省に対する障害者の文化芸術活動関連予算の要求、そして「障害者による文化芸術活動の推進に関する法律（障害者文化芸術活動推進法）」の制定（二〇一八年）にもつながった（小林ほか二〇二一：二四五―二四六）。このように、日本におけるアール・ブリュットの認知度の高まりは、障害者福祉や障害者の芸術活動支援と密接にかかわりあっている。

武蔵野アール・ブリュット誕生の背景には、近隣の中央線沿線にある二つのまち、中野と立川で、実行委員会形式によるアール・ブリュットのイベントがおこなわれ、衆目を集めていた状況があった。NAKANO街中まるごと美術館は二〇一一年に始まった催しで、国内外で高い評価を得ているアール・ブリュット作品を扱う。メイン企画の街中アール・ブリュット展では、サンモール商店街の巨大バナーをはじめ、中野ブロードウェイなどの商業施設にもポスターや作品を展示する。文字どおりまち全体がアール・ブリュット作品でいろどられ、大きなインパクトがある。邑上市長が「ああいうのがやりたい」と述べたアール・ブリュット立川は、多摩地域に在住する作家の作品展示を主軸とする。市長が見学した二〇一五年度、立川伊勢丹を会場として初開催され、翌年度以降にはモノレール駅などにも会場を広げた。コロナ禍の後は地元企業と連携したウォールペイントや市施設などでの展示を続け、色鮮やかな作品群がまちに元気を与えている。なかでも立川在住の作家、玉川宗則の作品は人気で、二〇二四年九月には市のふるさと納税返礼品にも選ばれた。同展は、実行委員長である臨床美術士の松嵜ゆかり氏がNAKANO街中まるごと美術館の展示に心を動かされたことを契機として開催に至ったという（同氏へのインタビュー、二〇一九年六月）。

NAKANO街中まるごと美術館は、実行委員会事務局を中野駅近くの社会福祉法人愛成会においている。愛成会は知的障害者支援の分野で長い歴史をもち、支援施設やグループホームを運営するかたわら、アール・ブリュットの普及啓発や障害者の芸術活動普及支援事業にとりくんでいる。法人企画事業部ではNO－MA勤務経験をもつアートディレクターが中心となり、障害のある人が生み出す表現やその活動環境の充実を支援する東京アートサポートセンターRightsも運営している。愛成会は二〇二〇年までアール・ブリュット立川の後援もおこなっていた。そのアール・ブリュット立川は二〇二四年現在、ウェブサイトの自己紹介「アール・ブリュットとは：『アートのまち立川』から発信」に「『アール・ブリュット立川』（障がいのある人たちのアート展）」と記載している。松嵜実行委員長は、事業を立ち上げた趣旨のひとつに、アール・ブリュット作品がもたらす感動を多くの人に共有してもらいたい、障害のある人への偏見や固定観念を拭い去り、真の理解につなげていきたいとの思いがあると述べている（松嵜二〇一七：一五七）。

NAKANO街中まるごと美術館もアール・ブリュット立川も、報告書等ではデュビュッフェのアール・ブリュット定義を採用しており、前者のウェブサイトでは「中野の日常風景に出現するアール・ブリュット作家や作品の数々は、年齢や国籍、障害の有無などを越えて、…多様な人の表現の可能性や新たな価値観と出合う機会となることを願います」（「About：中野とアール・ブリュット」、傍線筆者）とも述べている。ただ上述の事情をふまえると、いずれのプロジェクトも、アール・ブリュットの本来の意味を知らない第三者には「アール・ブリュットを名称に掲げるアートプロジェクトは、障害者アート振興を趣旨としている」という印象を与えやすいようにも思われる。武蔵野アール・ブリュット立ち上げの際、市長が障害者福祉課長に「障害者アートの美術展」開催というミッションを与えたことは、こうした状況を物語っている。

武蔵野アール・ブリュットは、実行委員の大半が何らかの形で障害のある人と関わる活動をしている一方、初期段階から「武蔵野アール・ブリュットは障害者限定とは違う」という姿勢が明確になり、すべてのヒトがもっている「表現したい気持ち」を共有し広げることをプロジェクトの中心においてきた。デュビュッフェの考えるアール・ブリュットの作家とは、物理的ないし内面的に社会と隔絶し、事前に計画せず独学で「精神のほとばしりから作品を創作」する人びとのことであったが（シャンプノワ二〇一九：第三章）、そのような「精神のほとばしり」に力点をおいて、作家の特性にかかわらないアール・ブリュット解釈をしているといえる。

だが、こうした幅広い意味でのアール・ブリュットを事業として展開することに、一般の理解を得るのはなかなか大変である。たとえば二〇二三年度には、アートや創造行為から生まれる「ゆらぎ」や「変化」を誰もが感じられるようにとの意図で創作体験をイベントの中心に据えたが、企画の一部について市長の理解を得るための説明に苦労した。当該年度は来場者アンケートで「とても満足」「満足」という回答があわせて全体の七二％に達したものの、来場者の数は歴代最少にとどまった。アンケートには「もっと作品展示があるのかと思った」というコメントも複数みられ、中野や立川のようなアール・ブリュット作品展示への期待があった可能性も推測できる。

筆者は、今日の日本におけるアール・ブリュットと障害者アートの重なり合いは、「多様性を大切にする地域づくり」の実現に逆説的影響をもたらす場合もありうると考える。アール・ブリュットが本来乗り越えることを目的としていた障害の有無という境界を、一見それとわからない形で強化してしまう可能性があるからである。服部正は、「日本においてアール・ブリュットの名前で呼ばれている作品のほとんどが障がいのある人によって制作されている」ことから、「現代の日本でアール・ブリュットと呼ばれているものは、作品の質による選別であると同時に、『障がい者アート』という作者の資質に関わる選別を内包している」と結論づけている。そして、本来「障がい者と健常者の境界を解体することを目論んだアール・ブリュットという言葉を、『障がい者の芸術』に適応することが、『障がい者の芸術』という選別が有する障がい者の隔離という構造を隠蔽する」効果をもたらすと批判した（服部二〇一六：六七）。

長津結一郎も、近年の日本でアール・ブリュットは「原義を遠く離れ、『障害者アート』イコール『アール・ブリュット』という状況である」と指摘する。「国や自治体がおこなう展覧会にもアール・ブリュットという言葉が使われ、…公的な美術からの逸脱を示すものであったはずの『アール・ブリュット』が、今や公共的な文脈に属しているものとして位置づけられるようになってきた」。アウトサイダー・アートやアール・ブリュットは「あくまで他者によって規定される概念」であり、「『われわれ』の文化に対して大きな影響と驚きを与える作品が希求されている」が、「すなわちそれは、障害者を健常者たちと対置して『他者化』していることにほかならない」（長津二〇一八：四六―四九）。

障害の「社会モデル」（本書第二章参照）が普及してきた現在も、日本社会ではいまだに障害者を「普通」と違う存在とみなす風潮が根強い。武蔵野アール・ブリュットが過去に実施した企画展では、出展作家の一人から「会場に並ぶ作品の多くが障害をもつ作家の作品であり、自分の作品が一緒に展示されているのを見て微妙な気持ちになった」という趣旨の感想が述べられたことがあった。実行委員会では、アール・ブリュットを、既成の表現法にとらわれない方法や発想で制作していれば、障害のあるなしにかかわらず誰もが立っている創造の土俵だと考えている。だが日本のアール・ブリュットが長津のいうような「表現を通じた障害者の他者化」と共犯関係にあるとしたら、アール・ブリュットという「土俵」を自らの活躍の場ととらえることにためらいを感じてしまう人が出てくる可能性は否めないと思われる。

武蔵野アール・ブリュットは「多様性を大切にする地域づくり」の事業だが、一般にアール・ブリュット作品とされるものの多くが障害のある人の作品であることはまた、多様性の広がり（ないし、多次元性）を見えにくくしているともいえる。武蔵野市では長年、文化（芸術文化）を市民文化や平和と並ぶ政策分野に位置づけてきた。施政方針で武蔵野アール・ブリュットが記載されている「平和・（文化・）市民生活」のセクションでは、男女平等の実現や、近年では外国人市民の支援、多文化共生の推進に関連する施策も列挙されている。市政におけるこうした位置づけを考えるなら、武蔵野アール・ブリュットがめざすべき「豊かで多様な文化」は、障害の有無のみならず、ジェンダー、セクシュアリティ、世代、民族的出自や国籍など、もっとさまざまな次元における多様性を射程に入れていると考えることもできよう。だが、アール・ブリュットが障害者アートと密接に関わり合っている日本の現状において、こうした広がりのある多様性を想像し追求することは、ハードルがかなり高いかもしれない。

二〇二四年秋、武蔵野アール・ブリュット実行委員会では、自分たちの活動理念を次のように定めた。抽象的なアール・ブリュット概念から一歩踏み出し、より多くの人にプロジェクトへの親しみや関わりをもってもらいたいとの願いからである。

「武蔵野アール・ブリュットは、平成二九年に市制施行七〇周年記念事業としてスタートしました。アール・ブリュットと聞くと障害者アートと思う方が多いかも知れません。アール・ブリュットとは、『生（き）の芸術』と表されます。私たちは武蔵野らしいアール・ブリュットを考えてきました。『生（き）の芸術』とは、美術の教育などを受けていない方が、誰を意識するでもなく、独自の発想と方法で制作したものすべてと考えています。障害のある方だけでない多様な人たちがアートを通じてつながる、それが武蔵野のアール・ブリュットなのです。」（広報媒体リード文より）

このように定義された「武蔵野のアール・ブリュット」が今後さらに発展し、日本のアール・

ブリュットに新しい風を吹き込めるか。それは次節で論じるアートプロジェクトとしての持続可能性にかかっている。

4　市民協働の自治体アートプロジェクト——サステナブルな体制をどうつくるか

武蔵野アール・ブリュットが直面するもうひとつの難しさは、市民協働の自治体アートプロジェクトが抱える持続可能性の問題である。武蔵野アール・ブリュットは市長の発案で始まり、市立美術館（初年度は市役所の一部署）が事務局となり、市側が委嘱した市民代表をコアメンバーとする実行委員会が企画、実施している。中央線沿線で先行する他のプロジェクトをみると、NAKANO街中まるごと美術館は社会福祉法人が地元商店会と連携しつつ牽引し、アール・ブリュット立川は草の根で立ち上がった実行委員会が市や地元の支援を得て運営しており、武蔵野アール・ブリュットは「市の事業」の性格が歴然としている。だが、自治体が市民協働でアートプロジェクトをおこなう「武蔵野らしさ」は、運営体制面で危うさもはらんでいる。その状況を理解するには、武蔵野市の文化政策の現実に目を向ける必要がある。

武蔵野市では、これまで形成されてきた市民文化・都市文化を、芸術文化の振興によってまちの魅力としてさらに高めることをめざし、二〇一八年一一月に文化振興基本方針（以下、基本方針と表記）を策定した。策定委員会は二〇一七年六月から二〇一八年九月に開催されており、これは本章第2節で整理した武蔵野アール・ブリュットのあゆみの第一期にあたる。当時の酒井実行委員長は基本方針策定委員会の副委員長でもあった。できあがった基本方針には、五つの方針の第四「市民、民間企業、NPO、専門家、行政等の文化振興のための連携をすすめます」のとりくみ例として、「アートを通して、多様性を大切にする地域づくりを進めていきます」というキャプションとともに武蔵野アール・ブリュットが掲載されている（基本方針、二五頁）。基本方針策定を境に、市役所内では、武蔵野アール・ブリュットの担当課が障害者福祉課から市民活動推進課へ移った。武蔵野アール・ブリュットは、基本方針策定とともに事業が軌道に乗り、市の文化政策に組み込まれたといえる。なお基本方針の概要については、本書第一章3(4)を参照されたい。

基本方針が策定された背景には、市の文化関係施策をめぐる国レベルの動きと、市レベルの議論という二つの要因があった。国レベルでは文化芸術振興基本法（二〇〇一年）とその改定法である文化芸術基本法（二〇一七年）が制定され、文化政策における地方公共団体の責務が明記されたほか、「劇場、音楽堂等の活性化に関する法律（劇場法）」の施行（二〇一二年）と「劇場、音楽堂等の事業の活性化のための取組に関する指針」の告示（二〇一三年）、前述した障害者文化芸術活動推進法の制定（二〇一八年）などがあった。一方武蔵野市では、築三〇年が経過した市民文化会館が改修され（二〇一三〜二〇一六年度）、文化政策や文化振興における公共施設の位置づけ、行政による文化振興の根拠や方針などをめぐる議論がおこった。松下市長（当時）はこうした経緯をふまえ、基本方針によって市の文化振興の方向性を示し、文化関連施設の整備計画にもつなげたいとしていた（基本方針「はじめに」）。その後、文化施設と生涯学習施設をそれぞれ管理運営していた法人が二〇二一年に合併して公益財団法人武蔵野文化生涯学習事業団（以下、事業団と表記）となり、コンサートホールや劇場、美術館などの管理運営面における合理化が進んでいる。しかし、事業団の組織体制面における充実はまだこれからの課題である。

二〇一八年度以来、武蔵野アール・ブリュット実行委員会の事務局は、事業団が管理する武蔵野市立吉祥寺美術館（以下、美術館と表記）におかれている。美術館は、市内に在住した日本画家野田九浦の遺族や、木版画家の萩原英雄、銅版画家の浜口陽三らが市に作品寄贈を申し出たことが契機となり、長年の検討の結果二〇〇二年、商業施設（現在はコピス吉祥寺）が入居する吉祥寺本町のF＆Fビル最上階に開設された。初代館長へ聴き取りをおこなった中江桂子は、美術館は構想段階から「地域密着型の美術館」「生活の中に芸術を取り込む推進役」「美術品を購入しない美術館」という理念をもち、武蔵野にゆかりのある作家の展覧会を積極的に開くことによって「武蔵野から世界に発信する文化の、底を支える役回りを担う」使命を帯びていたと述べている（中江二〇〇六：二二四―二二五）。当時の学芸員は、館内に「静粛に」の張り紙がないことについて、それは芸術にふれた人たちが作品の前でのびのびと感想を話し合えるためであり、「吉祥寺美術館のめざす〝開かれた美術館〟のかたちは、そのような自由の中にあるのです」（同：二二六）とコメントしたという。中江は、武蔵野市にその昔、画家や芸術家をめざす人々が移り住み、吉祥寺アトリエ村ともよばれていたことをふまえ、「自由な感性の交換」という美術館の目標は、こうした歴史をもつ土地で「生きられた精神」を引き継ぐものだったと考察している（同：二二〇、二二八）。

地域ゆかりの作家による文化を発信し、市民に芸術体験を提供することを通じた「自由な感性の交換」の実現を趣旨としてつくられた美術館は、市民協働による「アートを通した多様性を大切にする地域づくり」のプロジェクトにおいて、市側の中心的実行主体となるのにうってつけの位置にあると考えられる。しかしながら、現在の美術館は、期待される役割をまだ十分に果たしているとは言いがたい状況にある。

二〇二〇年一月に開催された「第三回　武蔵野市文化施設の在り方検討委員会」の議事要録によると、美術館の職員は館長以下六名、うち学芸員は三名だった。学芸員は全員が嘱託で、同年四月に無期雇用制度が導入されるまでは最長五年間の年次更新形式で雇用されていた。武蔵野アール・ブリュット実行委員会では、学芸員は事務局側メンバーとして名簿に記載されるものの、美術館の企画展示や関連イベントなどの業務で手一杯であり、実行委員会の事務局機能は館長が担っている。二〇二二年度から非常勤の館長補佐一名（アルバイト、通常は週一日勤務）が投入されたが、大局的な判断や市との調整にはかかわれない。館長は市役所から事業団へ人事ローテーションにより出向しており、美術館のほかに吉祥寺シアターの館長も兼務する。キャリアパスで必ずしも文化や市民活動にふれているわけではなく、着任後は文化施設の管理運営業務も武蔵野アール・ブリュットの事務局業務も一から修得しなくてはならないシステムなのである。

東京アートポイント計画ディレクターの森司が監修した出版物では、アートプロジェクトは「実施すること」に忙しくなりがちであるがゆえに、「事務局」が余裕のあるプロジェクト運営を心がけ、持続可能な運営のしくみをつくることが大切だと述べている。「事務局」は現場が適正に動くための世話役であり、企画、実施、記録、アーカイヴ、評価までを一手に担い、「事務局長」「広報」「経理」の役割を果たす最少三人のチームで構成されるという（森二〇一四：一〇、二一－四）。この出版物はＮＰＯを対象としており、議論をそのまま自治体事業に適用することはできない。だが、アートプロジェクトの事務局が現場の活動を支え、内外関係者のハブとなる役目を負い、広範かつ専門的なスキルを必要とすることは確かである。

武蔵野アール・ブリュットはまちのささやかなアートプロジェクトだが、月一回の実行委員会だけでは事業が回らない。実行委員は全員が本業をもつボランティアであり、作業やコミュニケーションに割ける時間と力には限界がある。コンセプトを固めたり、出展作家を紹介したり、資料や材料を準備したり、当日の会場係を分担したりはできても、全体を見渡した切り盛り、市との連携は事務局頼みである。その事務局は事実上、美術館長兼シアター館長が通常業務のかたわら「ほぼひとり」で担当し、一年から数年の間隔で「新しい人」に入れ替わっていく。

現在の体制で美術館が事務局を続けることは、担当者に重圧をかけ、関係者を疲弊させるのみならず、プロジェクトの維持発展を妨げる障害にもなっている。実行委員会と事務局はイベントの企画と実施に手一杯で、活動を記録し、ふり返り、成果や反省を次に生かす余裕をとることが難しい。武蔵野アール・ブリュットを地域に根づかせるためには、広報を強化して認知度を上げるとともにボランティアの活用を広げ、サポーターを獲得することが課題だが、そうした基盤強化の部分にも手が回らないのである。

実行委員会のマネジメントが綱渡りにならざるをえない根源は、市の文化政策体系が発展途上である現実に求められる。基本方針が策定され、文化施設を管理する事業団が「合理化」されたその「次」の、人や組織の充実が進められていないのである。文化政策研究者は、自治体文化政策を整備するモデルとして、文化振興条例を制定し、審議会を開き、条例の理念に基づく基本計画やアクションプランを策定するという流れを示す（藤野二〇二二：六五―一〇二）。だが、武蔵野市の基本方針には条例のような拘束力がない。基本計画やアクションプランも本稿執筆時点では存在していない。

文化振興基本方針策定委員会の小林真理委員長が、基本方針策定と同年に出版した論考で自治体文化政策の課題について述べたことを思い起こしたい。「現在求められているのは、文化政策を実行するための環境整備をし、行政一般職の異動のいかんにかかわらず継続的に遂行できる文化行政の原理の確認と、進捗管理と評価のあり方の検証なのではないか」（小林二〇一八：九四）。市民協働の武蔵野アール・ブリュットがその個性を伸ばし、地域アートプロジェクトとしての裾野を広げていくためには、事務局を担う美術館が専門的人材を活用し、物理的にも精神的にもゆとりをもって「自由な感性の交換」を実現できる、そのための仕組みと推進力が不可欠である。

5　それでも、アール・ブリュット――「優しさのあるアートの街のモデル」をめざして

実行委員会の初年度からのメンバーで、アートギャラリー絵の具箱画廊主、絵画造形講師の藤本和子氏は、武蔵野アール・ブリュット二〇一八が終わったあと次のようにコメントしていた。

「アール・ブリュットを知ってもらうことで、人々がアートを身近に感じて心豊かに暮らしていけるようになると信じている。だから『武蔵野アール・ブリュット』が継続していくことは大きな意味を持つと思う。…アートを通じて、差別のない、境界のない世の中を作っていくことがアール・ブリュット展の目標であると思う。困っている人がいれば当たり前のように救いの手を差し伸べる。武蔵野市、吉祥寺がそんな優しさのあるアートの街のモデルとなり、それが東京中に、日本中に、世界中に広がることを夢見ている。」（藤本二〇一八：一三八）

この八年間、市から委嘱を受けた実行委員とアドバイザーは、藤本氏の思いを共有し、数々の困難を乗り越えて、「アートを通して多様性を大切にする地域づくり」に挑戦してきた。関係メンバーは少しずつ入れ替わっても、差別や境界のない世の中をつくり、優しさのあるアートの街のモデルになりたいという意思は一貫している。

市制七〇周年と東京二〇二〇を契機としてスタートした武蔵野アール・ブリュットは、発案者の手を離れ、「障害のある方だけでない多様な人たちがアートを通じてつながる」ことをめざすユニークなプロジェクトへと展開している。全力で頑張れなくても一人ひとりが感動をもたらすことができるという「ぷらすれいてんご」の発想は、「役に立つ多様性」の振興に集中しがちな昨今のダイバーシティ政策（岩渕二〇一九）を軽やかに越え、日本のアール・ブリュットに新しい次元をひらく可能性をも秘めている。実行委員会で市民代表と市関係者が議論を重ね、こうした独自の理念をあみだせたのは、市民協働の市政を伝統とする武蔵野ならではの成果だろう。

武蔵野アール・ブリュットにはまた、日本のアール・ブリュットや自治体文化政策が抱える課題が凝縮されている。本章で検討した、アール・ブリュットの枠で広がりのある多様性を追求することの難しさ、市民協働の基盤を強化しサステナブルな体制をつくることの困難は、いずれも根が深い。本章執筆時点で目標とされている十周年記念イベントを最後に、市がプロジェクトに終止符を打つ可能性も考えられる。

武蔵野アール・ブリュットは、武蔵野市の文化振興基本方針策定とともに市の文化事業に位置づけられた。プロジェクトの持続可能性にまつわる困難は、今日における市の文化政策の脆弱性を体現している。もしもその改善に腰を据えて取り組むことができれば、プロジェクトの理念が多くの人たちに届き、「アートを通した多様性を大切にする地域づくり」という目標の達成に近づくのみならず、武蔵野市の文化政策全体の底上げ、充実にもつながっていくはずである。武蔵野アール・ブリュットの今後は、市が文化にかける「本気度」の試金石になるかも知れない。


参考文献　武蔵野市の行政文書（施政方針、文化振興基本方針等）はリストから省略した。

岩渕功一編著（二〇二一）『多様性との対話―ダイバーシティ推進が見えなくするもの』、青土社。

川村陶子（二〇二〇）「アール・ブリュット振興を通じた共生社会の模索―中央線沿線のまちのアートプロジェクトを事例に」『成蹊大学文学部紀要』第五五号、四五―五九頁。

熊倉純子監修、菊池拓児・長津結一郎編（二〇一四）『アートプロジェクト―芸術と共創する社会』水曜社。

小林真理（二〇一八）「自治体文化行政論再考」小林編『文化政策の現在3　文化政策の展望』、東京大学出版会、第五章。

小林真理・小島立・土谷正臣・中村美帆（二〇二一）『法から学ぶ文化政策』有斐閣。

エミリー・シャンプノワ（西尾彰泰・四元朝子訳）（二〇一九）『アール・ブリュット』文庫クセジュ。

中江桂子（二〇〇六）「文化を伝え地域に活かす―武蔵野市における試み―」成蹊大学文学部学会編『公助・共助・自助のちから―武蔵野市からの発信―』（成蹊大学人文叢書4）、風間書房、第五章。

中谷和人（二〇〇九）「『アール・ブリュット／アウトサイダー・アート』をこえて―現代日本における障害のある人の芸術活動から―」『文化人類学』第七四巻第二号、二一五―二三七頁。

長津結一郎（二〇一八）『舞台の上の障害者―境界から生まれる表現』九州大学出版会。

服部正（二〇〇三）『アウトサイダー・アート―現代美術が忘れた「芸術」』光文社新書。

服部正（二〇一六）「膝が痛い芸術家―アール・ブリュットは支援概念になり得るのか」『心の危機と臨床の知』第一七巻、六一―七二頁。

藤野一夫（二〇二二）『みんなの文化政策講義―文化的コモンズをつくるために』水曜社。

藤本和子（二〇一八）『吉祥寺の小さな画廊の物語』伴想社。

松嵜ゆかり（二〇一七）「「アール・ブリュット立川」の活動 ～こころが描くアート～」本郷實監修『新時代の知的障害者特別支援学校の図画工作・美術の指導』ジアース教育新社、一五六―一六一頁。

森司監修（二〇一四）『東京アートポイント計画が、アートプロジェクトを運営する「事務局」と話すときのことば。の本』公益財団法人東京都歴史文化財団東京文化発信プロジェクト室発行。

第五章　共に生き、共に創る

――芸術文化による共生社会の実現へ向けた活動紹介「成蹊アートプロジェクト」――

槇原　彩

近年、さまざまな行政分野と連携した芸術文化活動が推進され、その社会的効果について活発に議論がなされている。成蹊大学文学部にも、芸術文化活動の実践と芸術文化行政の実務の双方に通じ、官民における芸術文化振興の担い手となる人材を育成することを目的とする「芸術文化行政コース」が二〇二〇年度より開設された。

本コースでは、子どもや若者、高齢者、障害者や外国人住民などを含むさまざまな人たちが芸術文化活動を通じて「つたえ／つなげ／つくり／ささえ／共生する」社会をめざす、いわゆる社会包摂型アートを重視した教育活動を行っている。また二〇二一年度からは、福祉や医療、教育、防災、まちづくり、震災復興などの行政分野と協働しつつ、社会課題へ芸術文化の側面からアプローチする「成蹊アートプロジェクト」を学生主体で実施している。

本章では「成蹊アートプロジェクト」の概要を紹介しつつ、二〇二一年度から二〇二三年度にかけて実施した障害福祉系NPO法人等との協働の様相や、プロジェクトの成果と課題、そして学生が得た学びについて、「共創」の側面から振り返る。

1　成蹊アートプロジェクトとは

「成蹊アートプロジェクト」は、成蹊大学と武蔵野市行政、市内の市民文化団体やNPO法人等の官民学が連携し、武蔵野市における共生社会の実現を芸術文化の観点からめざすアートプロジェクトである。

アートプロジェクトとは、社会一般的な既存の関係性（たとえば、〝健常者〟と〝障害者〟、〝日本人〟と〝外国人〟など）の境界線を揺り動かし、新たな関係性や価値観を人々へもたらす可能性を有した共創的芸術実践である。本プロジェクトでも、成蹊大学の学生が実際に地域へ赴くことによって、武蔵野市行政と市民等の既存の関係性に揺らぎをもたらし、従来社会の周縁に位置づけられてきた人々（子ども・若者・高齢者、障害者や外国人住民）が、より住みやすい地域・社会づくりを模索してきた。

また、本プロジェクトは公益財団法人武蔵野文化生涯学習事業団（二〇二一年度までは武蔵野文化事業団。以下、武蔵野文化生涯学習事業団）と成蹊大学の提携事業として、武蔵野市内の文化施設を活用し、その認知度向上や利用促進等に貢献することも目的に含まれており、本章で紹介する事例も、その成果発表会を武蔵野市内の文化施設で開催した。

芸術文化行政コースの学生が主体となって企画を実現することで、成蹊大学がハブとなり、表現者や市民、そして行政とのあいだに新たなネットワークや芸術文化を通したコミュニティを創出し、武蔵野市行政と市民の縁を芸術文化で結ぶこと、武蔵野市内のさまざまな芸術文化資源や人材を発掘し、武蔵野市における芸術文化活動の活性化や地域の持続的な発展に寄与することが本プロジェクトの趣旨である。

加えて、本プロジェクトは芸術文化行政コースの基幹科目と紐づいており、「制作演習Ａ」「制作演習Ｂ」「制作演習Ｃ」「制作演習Ｄ」といったプロジェクト型の演習科目内で実施される。履修生は学部二年次後期から学部三年次前期の約一年間をかけて、文化政策やアートマネジメントなどを専門とする教員の指導を受けながら、自分たちの企画を実現していく。これらの科目はアクティブ・ラーニングを軸としており、学生が武蔵野市内を散策し、その文化状況や障害福祉状況をリサーチするなど、課外活動も組み込まれている。芸術文化行政コースに所属する学生たちは、実際に地域へ赴き、行政職員や市民とコミュニケーションをとりながら実践的にアートマネジメントを学ぶ。

また、体験を通じた学びだけでなく、「文化政策学」や「地方自治体の文化行政」「アート・アドミニストレーション」「文化政策と法」「舞踊論」「日本演劇史」「メディアとアート」等の科目によって文化政策やアートマネジメントに関する基礎的知識や、芸術文化に対する理解を深めつつ、「武蔵野市文化振興基本方針」や「武蔵野市障害者計画・第六期障害福祉計画」等を精読し、武蔵野市行政の政策課題について自らの視座を見出すことも求められる。

本プロジェクトの実施メンバーは、芸術文化行政コースに登録した英語英米文学科・国際文化学科・日本文学科・現代社会学科の学部二～三年生が中心となる。また、芸術文化行政コース運営委員長を実施責任者として、学生指導とプロジェクトの実働はコース客員教員が担い、運営委員（専任教員）の協力によって運営されている。

なお運営資金は、成蹊大学内部の奨励金である「プロジェクト型授業奨励金（二〇二一年度）」、そして「ブリリアントプロジェクト奨励金（二〇二二年度～二〇二五年度）」を獲得した。

2 成蹊アートプロジェクト——キックオフ

「成蹊アートプロジェクト」のキックオフとして、二〇二一年度後期に「障害福祉と芸術」を専門とする研究者とアーティストを外部講師として招き、二回の限定公開講義と実習を実施した。これらゲスト講義は本学内部関係者だけでなく、武蔵野文化事業団（当時）や武蔵野市行政、福祉関係の市内NPO法人の学外関係者も招待した。

二〇二一年一一月二四日（水）にはゲスト講師として、長津結一郎氏（九州大学准教授）をむかえ、障害のある人々との芸術文化活動における協働をとりまくさまざまな言説や研究、理論について講義いただいた。また長津氏が参画したアートプロジェクトの過程をおったドキュメンタリー映画「記憶との対話～マイノリマジョリテ・トラベル、10年目の検証」を鑑賞し、アートマネ

写真1　長津氏によるゲスト講義の様子（写真提供＝成蹊大学文学部芸術文化行政コース）

ジメントと社会包摂の両観点から解説いただいた。

映画鑑賞の後は、学生だけでなく学内・学外聴講生にも参加いただき、社会自体に生じる「境界線」についてディスカッションするグループワークを実施した。参加者からは「そもそも境界線を自覚する必要はあるのか？自覚するということは線を引くことと同義では？」「ある環境に身を置いたとき、マジョリティと思っていた自分が、その場ではマイノリティになっていると自覚する瞬間があった。境界線や障害というのは固定されたものではなく、社会や環境によって変化するものだと思う」などの意見があがった。（写真1参照）

これらの感想やさらなる問いかけを受け、長津氏は「どのような文脈で相手が境界線を引いているのかを考えることも大切」としつつ、「境界線を引くということは、だれかを疎外してしまう危険性もあるし、一方でマイノリティと呼ばれる人たちにとって、境界線は自分を守るものでもある。その両面性を認識してほしい」と語った。

その他、学生からは事前に学習した武蔵野市の文化行政や福祉政策に関する疑問、精読した長津氏の著書『舞台の上の障害者：境界から生まれる表現』（九州大学出版会、二〇一八年）の内容と講義内容を照らし合わせた発展的視座の投げかけがあった。そしてその投げかけに対し、長津氏だけでなく武蔵野文化事業団（当時）関係者からも武蔵野市行政の福祉政策に関する経験談が共有されるといった知の交流がうまれた。

二〇二一年一二月一日（水）にはパフォーマンスアーティストの大西健太郎氏をゲスト講師としてお呼びした。ゲスト講義の会場は、成蹊大学の武道場だった。冬の柔らかな日差しが差し込むなか、大西氏によるパフォーマンスから講義は始まった。

静かな音楽が流れるなか、大西氏がじっとあたりを見渡す。黒い紙を立てかけたキャンバスにチョークを走らせる。おもむろに立ちあがり、両手を宙に掲げる…。学生たちには事前情報を提供せず、大西氏の一挙手一投足から何を感じ、何を読み解くのかは各自に任された。

パフォーマンスが静かに終わった後、大西氏からその解説がなされた。大西氏のパフォーマンスは、黒板に描かれた描線を素材にして、主に手の表情や動きを用いた即興表現であり、手話をもとにした詩の朗読表現「サインポエム」に着想を得て創作した「手レよむダンス」というものだった。このパフォーマンスについて大西氏は、「日常的に目にする身体とは異なる『身体表現として観衆に差し出された身体』といった『未知のもの』に『未知のまま出会う』経験をしてほしかった」と語った。

次に、大西氏から学生へ「身体（とくに手）を使った新しいコミュニケーションの型を考える」という課題が提示された。成蹊アートプロジェクトを通じて武蔵野市における共生社会の実現をめざすにあたり、学生たちは地域の人々と丁寧にコミュニケーションを重ねる必要がある。しかし、プロジェクトを共に創造する相手が音声言語を使用できるかわからない、またお互いが使用するコミュニケーションツールにずれが生じるかもしれないという可能性を見すえ、大西氏からは「手」という共通言語を使用したコミュニケーションが提案されたのだった。

学生たちは実際に身体を動かしながら模索を重ねた。言葉を発さず手だけで挨拶をしたり、手による会話を試みたり、学生たちは普段と違うコミュニケーションの形態に戸惑いながらも、試行錯誤をして意思疎通を図っていた。（写真2参照）

一連のワークの最後に、大西氏と学生たちは障害のある人と関わった経験や、障害に対する考え方を語り合った。学生からは障害のある人々とのコミュニケーションに関する自身の体験談が共有された。この時間について学生からは「クラスのメンバーがどのように障害に触れてきたか共有するという時間は、自分の外にある『経験』を知ることができる非常に貴重な時間だった」といった感想が寄せられた。

写真２　大西氏によるゲスト講義の様子（写真提供＝成蹊大学文学部芸術文化行政コース）

ゲスト講義終了後、大西氏は次のように振り返った。

「コミュニケーションをとれなかった」という経験も大切。コミュニケーションはどこからどのように始まるかわからない。障害のある人と接するにあたり、一方的に何かを提供するのではなく、相手と一緒にどぎまぎしたり、試行錯誤したりする姿勢をもってもらいたい。

障害のある人とない人を別々のカテゴリーで捉えるのではなく、連続体として捉える。すると、自分の中にキラッと反射するもの、つまり他者と類似する特性を感じとる瞬間がある。たとえば、紙をずっとちぎる習慣のある障害特性をもつ人と接したとき、「それ、楽しそうだな」と自分が感じていることに気づくこともある。このような瞬間を学生にも経験してほしい。それを自分事として受け入れるか、受け入れないかを考えることは、自分と社会との接し方について考えることにもつながる。自分の中で選択肢を作り、相手や社会との距離感を定めることで、自分を守り、他者と共存していくことができる。

3　成蹊アートプロジェクト二〇二二――コロナ禍での本格始動

二回のゲスト講義を経た、二〇二二年度前期。コロナ禍でイベントの開催や文化施設の利用が制限されるなか、成蹊アートプロジェクト二〇二二が本格始動した。

本プロジェクトの成果発表会も武蔵野市内の文化施設で参加型ワークショップを実施する予定だったが、感染者の増加や緊急事態宣言の再発令による文化施設の使用制限などを想定し、全面オンライン形式へ移行できるシンポジウムのかたちをとることとなった。また、不特定多数との対面での会話や身体的接触を避けるため、成果発表会で参加型ワークショップを開催するのではなく、成果発表会までに市内の障害福祉系ＮＰＯ法人と成蹊大学生が協働して身体パフォーマンスを制作し、その過程をおった映像作品をシンポジウムで上映することとした。

成蹊アートプロジェクト二〇二二のプロジェクトパートナーとしてむかえたのは、キックオフでゲスト講義を依頼したパフォーマンスアーティストの大西健太郎氏、そして武蔵野市を拠点に活動するNPO法人ペピータだった。

NPO法人ペピータは、東京都武蔵野市を拠点に活動するNPO法人である。障害のある方の「上質な生活」の追求や余暇活動・地域活動の推進、障害のある人とその家族が健やかな暮らしを実現・継続できる社会の実現をめざし、会員同士の情報交換等を図る会合、障害のある人を支援している人の支援、他業種連携による障害を多面的に考える機会の創出などの活動を行っている。また、地域生活支援事業（日中一時支援事業）「ペピータくらぶ」では、武蔵野市在住で、障害者手帳を持った小学生以上の方を対象に、主に「音楽療法」「造形教室」「書道教室」「ピアノ教室」「バレエストレッチ」「ペピータスクール」といった六つのプログラムを行っている。

本プロジェクトでは、この「ペピータくらぶ」の枠をお借りして、身体（とくに手）を使った新たなコミュニケーションの型を模索する共創的芸術実践〈マノ・マノ・ムーチョ！〉を実施した。〈マノ・マノ・ムーチョ！〉について、大西氏は次のように説明している。

二人一組になって、お互いに言葉を使わずに、「手」の動きや表情をたよりに、相手に反応したりアクションを持ちかけてみるなど、かけ合いの中で生み出すダンスです。

初めに振り付けや動きのフォーム（型）があるのではなく、他者とのコミュニケーションを土台にしながら、思わず「これって踊りじゃない？」と沸き起こるやり取りを楽しみます。

普段の言葉を使ったコミュニケーションではない、「手」が発する「何か」をかけ合うからこそ生まれる「ダンスの種（＝ペピータ）」を発見します。

活動の名前は、「マノ・マノ・ムーチョ！」。「マノ」は、〝手〟という意味です。「ムーチョ」は、〝いっぱい〟とか〝たくさん〟を表します。「ペピータ（＝果実の種）」という名前は、どちらもスペイン語というところで通じています。

大西健太郎　お便り「マノマノ通信」第一号より

学生たちと大西氏はＮＰＯ法人ペピータの「ペピータスタジオ」へ約二週間に一度赴き、非公開型創作ワークショップを計六回、最終的には、関係者限定公開型創作ワークショップ「お披露目会」を実施した。新型コロナウイルス感染症感染予防対策のため参加人数を限定し、「ペピータくらぶ」からは毎回三～四名、芸術文化行政コースから約六名（毎回交代制）が中心となって参加した。また、ＮＰＯ法人ペピータ関係者で、障害者とのパフォーマンス活動を長年行ってきた武蔵野市内在住のパフォーマーの参画もみられた。ＮＰＯ法人ペピータ職員や成蹊大学関係者等がワークショップを見学することもあった。

非公開型創作ワークショップでは、二人一組で「手」の動きを中心とした身体パフォーマンスを行った。「手の挨拶」として手のひらを重ねたり、握手をしたり、手を握って身体を後ろに倒したり、触れるか触れないかギリギリの距離を保ちつつ、鏡のように動きを真似たり。ワークショップ参加者は、手による触れ合いを起点とした、身体による表現を繰り広げた。（写真３参照）

写真3　非公開型創作ワークショップの様子（写真提供＝成蹊大学文学部芸術文化行政コース）

なお、身体表現の直後には、表現の意図についてアーティストからの投げかけが参加者一人ひとりになされた。ワークショップ中、この「身体による表現」と「表現の意図の共有」は何度も繰り返された。また二回目のワークショップからは「お花紙」が加わった。

「お花紙」は、手の力でティッシュのような薄い色紙をクシャクシャにする造形表現である。参加者（パフォーマー）や鑑賞者が「お花紙」を丸める、折る、投げるなど、それを通して自身の気持ちを表現し、伝えるための行為と手段だった。この「お花紙」では、「手の力の強弱に感情をのせること」「紙という物質を媒介として感情を表現すること」「お花紙を他者に渡すことで感情を他者に伝達すること」が求められた。

六回の非公開型創作ワークショップを経た後

には、関係者限定公開型創作ワークショップ「お披露目会」が開催された。当日は〈マノ・マノ・ムーチョ！〉に参加した障害者のご家族に加えて、武蔵野市や武蔵野文化生涯学習事業団の職員など武蔵野市行政関係者が多数来場した。武蔵野市役所からは、文化政策を担当する市民活動推進課だけでなく、健康福祉部障害者福祉課など障害福祉関連部署の職員の来場もあった。

新型コロナウイルス感染症感染予防対策として、スタジオ内への入場が制限されるなか、来場者はガラス扉越しにスタジオ内のパフォーマンスを鑑賞しつつ、希望者は入れ替わりでスタジオへ入り、パフォーマンスに飛び入りで参加する場面もあった。

「お披露目会」のワークショップは、先に行われた六回の非公開型創作ワークショップと同じ内容が行われた。観客へ向けた特別で〝非日常〟的なパフォーマンスではなく、自分たちが実践してきたあるがままの姿、そして丁寧に紡いできた関係性を、〝日常〟の一コマとして観てもらい、その空気感を全員で共有した。（写真４参照）

参加した障害者のご家族からは、「心から楽しんでいる様子が印象的だった」など、学生との共創的芸術実践を通して、参加者に少なからずポジティブな影響があったとの感想が述べられた。

学生たちはこの〈マノ・マノ・ムーチョ！〉を創作する「マノマノプロジェクト班」、プロジェクトの過程を記録する「撮影・映像制作班」、プロジェクトの成果を発表する場を設える「シンポジウム班」、活動を地域へ周知する「広報班」の四班に分かれ、プロジェクトのマネジメントを担った。各班の具体的な活動内容は次の通りである。

写真4　関係者限定公開型創作ワークショップ「お披露目会」の様子（写真提供＝成蹊大学文学部芸術文化行政コース／撮影：冨田了平）

マノマノプロジェクト班

マノマノプロジェクト班は、アーティストの大西氏そして参加した障害者と共に、共創的芸術実践〈マノ・マノ・ムーチョ！〉の創作を行った。また、毎回の非公開型創作ワークショップで起こった出来事を自身の言葉で言語化し、お便り「マノマノ通信」として参加者の保護者やNPO法人ペピータ関係者等に共有した。関係者限定公開型創作ワークショップ「お披露目会」ではパフォーマーとしてだけでなく、プログラム作成や観客対応などマネジメント面も担った。シンポジウムでは、〈マノ・マノ・ムーチョ！〉の実践報告をプレゼンテーションした。

撮影・映像制作班

撮影・映像制作班は、〈マノ・マノ・ムー

チョ！〉の過程に伴走し、創作ワークショップで起こる一瞬の出来事を「写真」や「映像」といった表現行為を通じて切り取り、プロジェクトの全容を記録した。また、撮影した写真は本プロジェクトの広報物としても使用された。さらに、それらの素材を使用してドキュメンタリー映像作品を制作し、シンポジウムで上映した。ドキュメンタリー映像作品は撮影だけでなく、共創的芸術実践のどの場面を使用するかなどの検討からプロット作成、編集、テロップ作成、音声の調整等まですべて学生がおこなった。シンポジウム当日も記録撮影を担った。

シンポジウム班

シンポジウム班は、成蹊アートプロジェクト二〇二二の総括となるシンポジウムの構成立案から武蔵野市への後援申請、パネラーへの登壇交渉、司会者との進行確認、会場となった武蔵野市立武蔵野芸能劇場との演出相談、本番の舞台転換、zoom によるハイブリッド配信対応、対面来場者への対応、新型コロナウイルス感染症感染予防対策等、シンポジウムに係るすべての作業を担った。武蔵野市そして社会包摂型アートにおける本プロジェクトの位置づけを明確化し、価値化する「場」を設えた。

広報班

広報班は成蹊アートプロジェクト二〇二二を実施するにあたって、芸術文化行政コースのウェブサイトやシンポジウムのチラシ、ポスターの制作、コースキャラクターのデザインなど広報関係の全業務を担った。Facebook やX（旧 twitter）等のSNSで本プロジェクトの進捗を発信するだけでなく、広報物の郵送先選定や発送作業、大学教務部と協力し学内掲示板や学内インフォメーション等への情報掲載を行った。さらに自らの足で地域へ赴き、チラシ等の広報物を市民や関連団体へ手渡しするなど、プロジェクトの顔として広報活動を行った。

4　成蹊アートプロジェクト二〇二二成果発表会「SEIKEI ART SYMPOSIUM 2022 ～手と手でつなぐ人と人～」

二〇二二年七月九日（土）。武蔵野芸能劇場にて成蹊アートプロジェクト二〇二二の成果発表会を、対面と zoom 配信のハイブリッド形式で開催した。成果発表会当日、学生たちはロビーの掲示物のセッティングにはじまり、舞台音響や照明の調整、投影資料の確認など、それぞれが自身の役割を務めた。

第一部では共創的芸術実践〈マノ・マノ・ムーチョ！〉の活動報告とドキュメンタリー映像作品の上映を行った。活動報告はマノマノプロジェクト班の学生が担当し、計六回にわたる「ぺピータくらぶ」への訪問および参加者との交流の模様や関係者限定公開型創作ワークショップ「お披露目会」についての報告、共創的芸術実践の過程であらわれた課題や活動を通して変化した意識、〈マノ・マノ・ムーチョ！〉の社会的意義を発表した。（写真5参照）

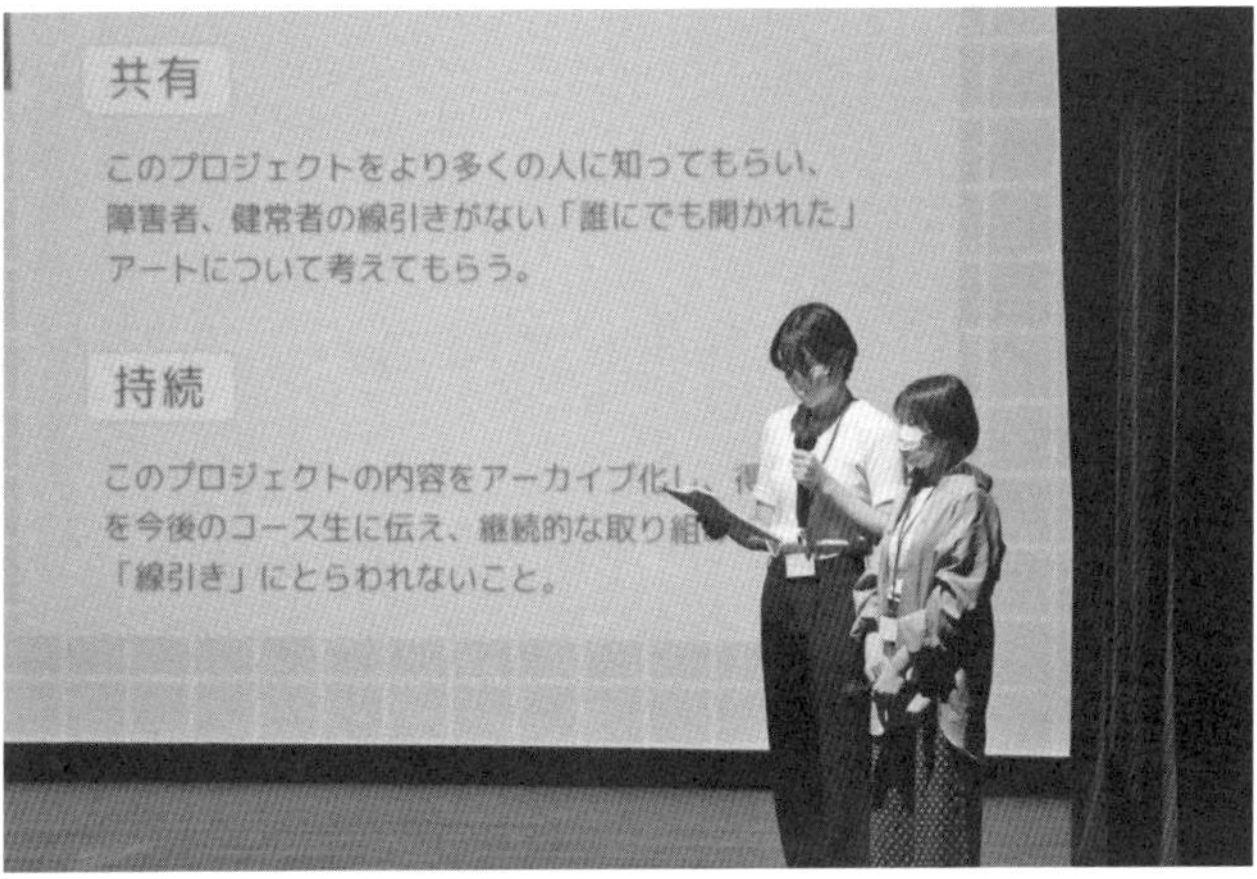

写真5　マノマノプロジェクト班の学生による活動報告の様子
（写真提供＝成蹊大学文学部芸術文化行政コース）

本プロジェクトの意義について、マノマノプロジェクト班の学生は次のように語った。

> 一人ひとりが表現者として一緒に作品を作りあげる中で、「障害者／健常者」という境界がなくなる場ができあがったことに加え、健常者が障害者の表現活動をサポートするという「障害者アート」とは異なる「社会包摂型アート」といえるアートのかたちを見出せたことが、本プロジェクトの意義である。

第二部ではトークセッションを実施した。文化政策の専門家であり武蔵野市の文化行政にも携わってきた小林真理氏（東京大学教授）や、本プロジェクトのキックオフとしてゲスト講義をいただいた長津結一郎氏、NPO法人ペピー夕理事長の酒井陽子氏、そして大西健太郎氏とマノマノプロジェクト班の学生一名がパネラーとなり、芸術文化行政コース運営委員長の川村陶子（成蹊大学教授）が司会した。

トークセッションでは、登壇者それぞれの立場から本プロジェクトへのフィードバックがあったほか、アートや障害、福祉、表現について活発な議論がなされた。そのなかで、学生と共にアートプロジェクトを制作してきた大西氏のある言葉が学生たちの心をとらえた。それは、「わからないということを諦めない」という言葉である。

共創的芸術実践〈マノ・マノ・ムーチョ！〉のワークショップにおいて、学生たちは障害者と共にゼロから表現を創作した。その過程はつねに「答え」のないものだった。アーティストから何らかの「答え」が示されることはなく、自分たちの身体や感性を頼りに、「表現」を通じて他者とコミュニケーションをとることを試みた。想定した反応が必ずしも返ってくるわけではない環境において、学生たちは他者との距離感をはかりつつ、内省を重ねていった。自身の表現が他者へ与える影響、返ってくると思っていた反応とは異なるものに出会ったときの戸惑い、そもそもなぜその反応が返ってくると考えていたのか…。学生たちはつねに「わからない」を手放さずに思考し続けた。

登壇した学生からは、本プロジェクトを通して、初めての他者と触れ合う不安や、すでに関係性ができつつある場に飛び込む恐怖を感じたことが共有された。その学生の声に対し、登壇者や会場からは共感の声があがった。学生たちにとって成果発表会は、本プロジェクトを通して向き合い続けた「わからない」だけでなく、他者との関係性や距離感、将来へ向けた漠然とした不安をも共有する貴重な時間となったようである。

成果発表会終了後、学生たちからは次のような声がきかれた。

障害者の方と関わる機会が今まであまりなかったが、本プロジェクトでの経験を通して、障害者の方と身体表現をしているというよりは「一対一の人間」「一緒に作品を創りあげる人たち」という思いになった。そのようなところでは、障害のある人も私もあまり変わらないかもしれない。これが、社会側に障害がある、ということなのだと感じた。今後、自分が生きていくなかで、今回の経験を絶対に活かせると思っている。この経験を忘れずにずっと持ち続けたい。

5　成蹊アートプロジェクト二〇二三——「他者」と共に「いる」ために

成蹊アートプロジェクト二〇二三も、大西氏とNPO法人ぺピータをプロジェクトパートナーとしてむかえた。そして二〇二三年一月一八日（水）。成蹊大学の大講堂において、特性の異なる「さまざま」な人たちが、自分たちなりの方法で「他者」と共に「いる」場をつくる試みが、大西氏と学生たちによって始まった。

写真６　「いかたワークショップ」試作の様子（写真提供＝成蹊大学文学部芸術文化行政コース）

大講堂に集まった学生たちの目の前には、たくさんのダンボール紙や紙テープなどが並んでいた。そして大西氏は、その光景に戸惑っている学生たちへ向けて「これらを用いて自分の『いる－場（居場所）』を作ってほしい」と投げかけた。

学生たちは首を捻りながらも「自分にとって『いる－場（居場所）』とは何か？」と改めて自身に問いかけつつ、その制作にあたった。ひとりになることができる場所を作るもの、他者とコミュニケーションをとることができるよう別の学生の「いる－場（居場所）」と隣接させ扉を開くもの。数分のうちに、大講堂の至るところにさまざまなかたちの「いる－場（居場所）」が立ち現れた。（写真６参照）

そして、自分の「いる－場（居場所）」を制作した学生たちは、自然に他者の「いる－場

〈居場所〉」を訪れるようになった。開かれた扉から声をかけるものもいれば、閉じられた空間を物珍しげに眺めるものもいた。学生たちがダンボール紙で引いたプライベートとパブリックの境界は、彼ら自身がそのあいだを行き来することによって徐々に揺らいでいった。

自分自身の居心地の良さに他者は介在するか。同じ場所に「いる」とはどういうことか。学生たちはワークを通じて、他者との身体的そして精神的な距離感のはかり方や、コミュニケーションの方法について、それが人によって異なることを体感した。

この「いる―場〈居場所〉」を作る試みは、大西氏がNPO法人ペピータとの協働を通して実感した「『障害』とは何か?」という問いに端を発している。成蹊アートプロジェクト二〇二二では「障害」のみに焦点をあてたが、成蹊アートプロジェクト二〇二三では、「障害」を中心としながらも、言語、宗教、教育、習慣、ジェンダー、セクシュアリティなど、すべての「個人」とその属性や背景によって生じる「他者」との違いにも視野を広げ、その境界に揺らぎをもたらす共創的芸術実践が構想されることとなった。

成蹊アートプロジェクト二〇二三では、二〇二二年度に創作した〈マノ・マノ・ムーチョ!〉を発展させ、共創的芸術実践を〈まむりちょ!〉と名づけた。そしてNPO法人ペピータの「ペピータスタジオ」へ全七回赴き、非公開型の創作ワークショップを実施した。基本的には〈マノ・マノ・ムーチョ!〉と同様に、言葉を用いずに「手」の動きや表情を通じて踊りの掛け合いをする「手の会話」を基にダンスパフォーマンスを展開した。「ペピータくらぶ」からは毎回二

〜三名、芸術文化行政コースからはアートプロジェクト班五名を中心としつつ、他班からも常時二名ほどが交代で参加した。

また、二〇二三年度は新たな試みとして、性別、年齢、言語、障害の有無に関係なく自分の「いる―場（居場所）」や「いかた（居る方法／手法）」を考える「いかたミーティング」を実施した。

ここでの「いかた」とは、大西氏が提示した言葉であり、特性の異なる「さまざま」な人々が、自分たちなりのやり方で「他者」と共に「いる」場をつくり、それぞれが居心地の良い精神的・身体的距離感を探り、同じ場と時間を共有する方法を意味する。

「障害者と共に身体表現を創作する」といったテーマの設定は、必然的に「障害」と「健常」のあいだに境界線を生じさせてしまう。大西氏はそこに疑問を投げかけ、「障害」「健常」を含むさまざまな属性や特性以前に、ただひとりの人として、その場に存在するための「振る舞い」を考えてほしい、と学生たちに提案した。

さらに、さまざまな方が安心して過ごすことのできる成果発表会とするために、成蹊大学学生サポートセンター障がい学生支援室の職員に相談し、助言いただいた。学生たちは、「足の不自由な方がいらっしゃった場合だけでなく、急に体調が悪くなった方のためにも、車椅子を準備しておいた方がよいのではないか」「視覚障害の方や子どもも安全に参加できるよう、段差の前にポールを設置するなどして注意喚起をしたらよいのではないか」など、プロジェクトを企画し、成果発表会を主催する立場として、どのような準備が必要か、そしてどこまで準備しておくべき

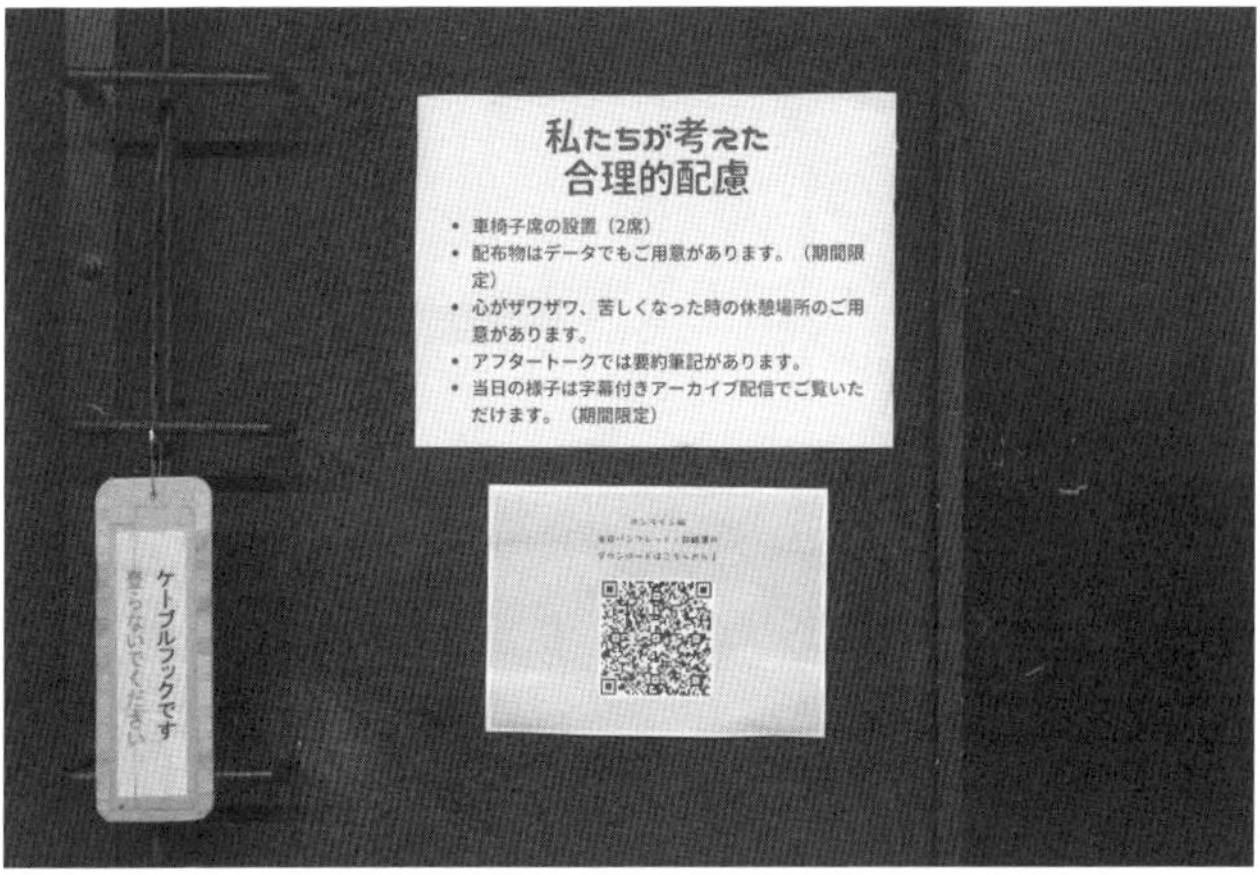

写真7　会場内に掲示された「事前的改善措置／合理的配慮の提供」の案内（写真提供＝成蹊大学文学部芸術文化行政コース／撮影：冨田了平）

かに想像を巡らせ、ハード面・ソフト面の事前的改善措置（環境整備）を考えた。また、個別に発生した事柄に対して柔軟に対応していく合理的配慮の提供に努めた。この取り組みは、二〇二四年四月から「合理的配慮の提供」が事業者にも義務化される社会の動向を受けて模索したものだった。

最終的に、学生たちは車椅子席の準備の他、次の「事前的改善措置／合理的配慮の提供」を考案して用意した。（写真7参照）

①　オンライン（zoom）視聴の設え

第一部のワークショップ開催中は会場の様子をオンライン（zoom）で映しつつ、学生による副音声（ラジオ番組風）を実施した。会場の様子を音声で伝えつつ、コース生や来場者へのインタビューを行った。第二部のアフタートークも配信した。

② アフタートークにおける要約筆記の提供

対面会場ではアフタートークに要約筆記をつけ、舞台上のスクリーンへ投影した。要約筆記は東京手話通訳等派遣センターへ依頼した。

③ アーカイブ配信（期間限定）の実施

当日の様子を録画し、後日、希望者へ期間限定でアーカイブ配信を行った。なお、アーカイブ配信には学生によって字幕がつけられた。

④ 当日配布物のデータによる提供

自身のスマートフォンやタブレット端末でも確認してもらえるように、当日配布物は紙媒体だけでなくオンラインでデータでも配布し、ダウンロードできるようにした。

⑤ 心がザワザワ、苦しくなったときに落ち着ける休憩場所の提供

対面会場の来場者向けに、心を落ち着かせ、休憩できる場所を設置した。心がザワザワしたり、苦しくなってしまったときに利用いただいた。

6　成蹊アートプロジェクト二〇二三 成果発表会「い場所 いる場所 いきる場所」

晴れ渡る青空の夏日となった二〇二三年七月一七日（月・祝）。成蹊アートプロジェクト二〇二三の成果発表会が武蔵野市立吉祥寺シアターにて開催された。対面とzoom配信のハイブリッド形式で、第一部は「参加型ワークショップ」、第二部は「アフタートーク」の二部制をとった。

第一部では、参加型ワークショップとして多様な「いかた」を来場者と共に模索する場を設えた。そして会場内で複数の参加型ワークショップが同時進行する形式をとった。自己と他者が共存する場所で、性別、年齢、言語、障害の有無に関係なく、言語コミュニケーションだけでなく非言語コミュニケーションを用いながら、共生社会の在り方を考える場をひらいた。

学生たちは、本プロジェクトを通じて自らに問いかけ続けた自身の「いかた」を、さまざまな造形表現や身体表現を用いて、吉祥寺シアター内に参加型ワークショップとして設置した。そして言語／非言語コミュニケーションを用いて来場者へ共有した。たとえば、自身の「いる―場（居場所）」になってくれた祖父との思い出を来場者へ共有した学生は、祖父と共に行った場所や行きたかった場所をスケッチして展示した。また、自身の「いる―場（居場所）」にはつねに「風」があり、地元の海の匂いがする風を全身で感じると安心するとして、風を感じる参加型ワークショップを提案した学生もいた。（写真8参照）

会場の中心である舞台には、ぺピータくらぶ参加者の障害特性へ配慮しつつ、共創的芸術実践

写真8　学生による「いかたワークショップ」の様子（写真提供＝成蹊大学文学部芸術文化行政コース／撮影：冨田了平）

〈まむりちょ！〉を実演する場が設置された。これは、「吉祥寺シアター」という「ペピータスタジオ」とは異なる場で、さらには大勢の人がいる空間において、共に創作してきた〈まむりちょ！〉が、少しでも彼らの〝日常〟として、「いる―場（居場所）」として、心身共に拠り所となればという思いから、大西氏と学生たちが考えたことだった。

ＮＰＯ法人ペピータ側と協議した結果、ペピータくらぶ参加者それぞれの障害特性（いつもと異なる環境が心身の負担となる、大勢の人がいる所や気温の変化などが心身の負担となるなど）や成果発表会当日の体調等に配慮し、成果発表会への来場は任意となった。結果としてペピータくらぶ参加者の来場は一名となったが、吉祥寺シアターの舞台上で共に〈まむりちょ！〉を実演することができた。その場は、来場者の「いる

写真9　成蹊アートプロジェクト二〇二三 成果発表会「い場所 いる場所 いきる場所」会場内の様子（写真提供＝成蹊大学文学部芸術文化行政コース／撮影：冨田了平）

―場（居場所）」にもなり、来場者同士のコミュニケーションの場としても機能した。（写真9参照）

前述のように、非公開型創作ワークショップで共に〈まむりちょ！〉を創作してきたぺピータくらぶ参加者のなかには、成果発表会への来場が叶わなかった方もいた。そのため、NPO法人ぺピータ側より「成果発表会当日に来場できない人の『いる―場（居場所）』もつくるのはどうか」という提案があり、舞台奥のスペースでドキュメンタリー映像作品を上映することとなった。このようにして、生身の身体では来場が叶わなかった参加者も、映像作品を通して舞台上に「いる」状況を設え、成果発表会当日の「いる―場（居場所）」を共有した。（写真10参照）

写真10　ドキュメンタリー映像作品を鑑賞する来場者の様子（写真提供＝成蹊大学文学部芸術文化行政コース／撮影：冨田了平）

以上の通り、第一部の参加型ワークショップでは学生たちと大西氏によって「いかたワークショップ」と、「〈まもりちょ！〉ワークショップ」という二つの参加型ワークショップが会場内に用意された。「いかたワークショップ」では複数の学生がそれぞれの「いかた」を共有するため、見た目としては多様な活動が同時進行している様相となった。会場内は舞台と客席の垣根が取り払われ、来場者はどこからでも会場の様子を眺めたり、ワークショップに参加できるようになっていた。

この構造をとった背景には、大きく二つの理由がある。ひとつは、「舞台」や「客席」として空間が明確に隔てられ、「演者」と「観客」といった属性が強制的に付与される「劇場」の機能に揺らぎをもたらし、自分の「いる—場（居場所）」を自分でつくり、だれもが「観客」、だれもが「演者」になることができる場をつくることをめざしたからである。これによって、劇場内に擬似的な「共生社会」を実現させることを意図していた。

もうひとつは、ワークショップが「〈まむりちょ！〉ワークショップ」だけでは、そこに来場者の視線が集中し、「あのワークショップに参加している人のなかには『障害者』がいる」という意識をうんでしまう。それは、そこにいる人々を見世物にすることへつながる。よって「いかたワークショップ」を会場のいたるところに設えることで、来場者の視線を拡散し、「障害者」「健常者」といった属性ではなく、「個人」へ興味関心を向けてもらいたいと考えたからだった。

第二部ではアフタートークとして、プロジェクトを総括するトークが行われた。舞台芸術の専門家であり、ドラマトゥルクとして多くの舞台作品や芸術祭に携わってきた長島確氏（東京藝術大学准教授）、ＮＰＯ法人ペピータ理事長の酒井陽子氏、大西氏がパネラーとして登壇した。

トーク中、酒井氏は「違いとは何か？」といった問いを投げかけ、次のように語った。


障害があってもなくても、それぞれみんな違いがある。違う人同士が共存しているということは、障害があろうがなかろうが、社会では常々のこと。違うから社会として成り立っている。それがある種、健全なわけです。

また、長島氏からは「劇場」という空間の性質や、合理的配慮の「合理性」とは「何のための」ものなのかといった指摘があった。

劇場は、「観せる」ための非常に特殊な専用施設です。舞台と観客席には一方通行の関係があって、その便利さ、その良さももちろんありますが、それと引き換えに観にきた人は「お客さん化」してしまう。そうすると、スタッフはもてなさなければならない。サービスをしなければならない。主客関係がはっきりしてしまう場所です。

今回のように「いかた」「い場所」をみんなで考えようという企画を、「劇場」でするということは、ある意味では矛盾した、難しいチャレンジだったと思います。来場者の皆さんが「お客さん」になってしまったら、座席に座るだけで、「い場所」が自動的に割り振られてしまう。ですが、それが崩れていて「もてなされるお客さん」と「もてなすスタッフ」という構図にはなっていなかった。学生さんたちは、そうするために大変な事前準備、そしてリアルタイムでの活躍があったと思います。

合理的配慮については、そもそも「合理的とは何か」という問題があると思います。合理性はひとつではなく、経済合理性みたいなものもある。何のための合理性かということがポイントだと思います。場合によっては「まわり道」が合理的になるような状況もありうる。合理性を画一化してしまうと、逆に危ないことがあると思っています。

今回に関しては、「休憩所」があった。それがとても良いと思いました。あとは映像の字幕、トークイベントの要約筆記などです。それがどう機能するかということも大切ですが、それが用意されている場があるということだけでも、とても意味がある。できることからでいいので実装して、それを外に向けて伝えることに意味があると思います。

7　「共創」の可能性と難しさ――成蹊アートプロジェクトの場合

本プロジェクトにおける「共創」は、「組織」と「人」、ふたつの側面から読み解くことができる。すなわち、プロジェクトの運営を介した組織間の共創と、身体表現を介した個人間の共創である。

たとえば、ＮＴＴコミュニケーションズによる事業共創プログラム「OPEN HUB for Smart World（OPEN HUB）」では、企業があらゆる利害関係者（ステークホルダー）と協働しながら事業を行い、新たな価値を創造することを「共創」と捉えている。そしてステークホルダー同士の関係性をもとに、他社と協力してお互いに不足資源を補完しつつプロジェクトを推進し、企業間で上下関係を作らず対等なパートナーシップを築くことを大切にする「提携タイプ」、企業がコンソーシアムやコミュニティを形成して共通のテーマや目的に向けて課題解決をめざし、企業・政府・地方自治体・研究機関・専門家などが参加して異なる視点から議論を重ねることで新たな価値やアイデアを創出する「共有タイプ」、企業と消費者が対等な立場でコミュニケーションをとり、ビジネスモデルの構築や商品・サービスの開発に活かす「双方向タイプ」と、大きく三つのタイプに分類している。ここで扱われている「共創」は、言うまでもなく組織間における共創である。

それに対し、共創学会は「人」と「人」のあいだに生じる「共創」の論理について、「他者性や身体性、場や間（ま）、無意識、自然といった〝見えない働き〟を取り込むことを大きな特徴」とし、場を耕すことによって活動者の主体性や潜在性が〝おのずから〟引き出され、「〝する・される〟関係から〝共にある〟関係へ、さらに〝共になる〟関係へとコミュニケーションが深化していくこと」が期待されると述べている。

以上を踏まえ、まずは本プロジェクトの運営を介した組織間の共創について振り返る。

組織間の共創において軸となるのは、その「目的」である。そして、どのような人々が、どのような目的でつながっているのかを把握することが、共創の基礎をかたちづくる。たとえば、「国境を越えて芸術を楽しめる場をつくりたい」という目的をもった組織と、「アートによる地域振興をしたい」という目的をもった組織、そして「地域に活力を生み出したい」といった目的をもった組織が同じ最終目的に向かうにあたり、そこには国内の開催地を活性化するといった視点だけでなく、海外からの観光客を誘致し、海外アーティストの滞在制作などによって、観光客や海外アーティストと地域住民の交流を促すといった国際的な視点も生じてくる。そして、それぞれの目的へ向かって、それぞれがアイデアや資源を持ち寄り、プロジェクトに携わっていく。さまざまなステークホルダーが、さまざまな目的を持って共創の場に集まることで、各者のプロジェクトへの主体性が芽生え、新しい関係性と価値が生まれるのである。

一方で、この目的の違いから、さまざまな軋轢や衝突が起こることもある。最終的な目的を達成するために、それぞれのステークホルダーは試行錯誤をしながら各々の組織が譲れないものを持って実社会の中で活動している。共創の場では、それぞれの組織が目的を擦り合わせながらプロジェクトを進めていくが、ときに譲れないものを持つもの同士が、衝突し、お互いの関係性のあいだにディスコミュニケーションが生じることもある。それぞれのステークホルダーがめざすものを把握し、もし認識の齟齬が生じているのであれば、それぞれの専門分野の言語や文脈に翻訳して、自分たちのプロジェクトの共通理解、共通の言語をつくっていく。組織間の共創では、このコミュニケーションの積み重ねがかなめとなる。

では、成蹊アートプロジェクトではその「目的」が設定できていたのか。

本プロジェクトの企画は成蹊大学文学部芸術文化行政コースが立案・構想した。その企画を武蔵野文化事業団（当時）とNPO法人ぺピータへ説明し、協力をあおいだ。その際、芸術文化行政コースが設定した最終目的である「武蔵野市における共生社会の実現」を共有した。前述した共創タイプとしては、「共有タイプ」に分類されるだろう。

しかしながら、企画説明そして本プロジェクトへの協力を打診する際、武蔵野文化事業団（当時）とNPO法人ペピータ側へ個別の目的をヒアリングすることはなかった。結果、本プロジェクトにおける各者の立ち位置や、関わり度合いが曖昧化し、プロジェクトの在り方や進め方に対して各々がどこまで踏み込んで発言してよいのかなどの戸惑いと遠慮が生じることとなった。

プロジェクト発足当初から、そして各組織にプロジェクトへの協力や参画を求めるときから、それぞれの組織の目的と役割を設定し、それをひとつの指標として共有していれば、プロジェクトを進める過程で各者の方向性にズレが生じた際や、新たな要求が芽生えた場合に、改めて各者の立場や役割を調整する必要性がうまれ、必然的にコミュニケーションの頻度は高まっただろう。そして、そのコミュニケーションのなかで意見の対立や摩擦を解消し、それぞれが次のアクションを提示することもできたかもしれない。

本プロジェクトでは、武蔵野文化生涯学習事業団とNPO法人ペピータ、そして成蹊大学文学部芸術文化行政コースが主な共創パートナーとなったが、それぞれの「目的」の共有という点では、課題が残る結果となった。

最後に、アーティストの大西氏の語りを手がかりとして、身体表現を介した個人間の「共創」について振り返りつつ、本プロジェクトが学生へ与えた影響に言及して本章を綴じることとする。

成蹊アートプロジェクト二〇二二と二〇二三では、アーティストと障害者、そして成蹊大学生による身体を用いた共創的芸術実践が育まれた。学生たちは、障害者との協同で起こる不測の事態がもたらすまさつによって違和感や境界線のゆらぎを経験しつつ、共に身体パフォーマンスを創作する仲間として関係性を深めていった。そして、自身が想定していなかった反応が相手から返ってくることによる戸惑いを、「次はどのような反応が返ってくるのだろう」といった高揚感へと変換させた。障害特性を表現とみなす発想の転換を行い、それぞれの身体表現を認め合うことによって協同的な関わりを重ねていったのである。

そこには、他者の身体の動きを観察し、その動きに合わせるのか、はたまたあえて異なる動きを提案するのか。自身と他者との差異を発見し、その違いを楽しむことで、表現のバリエーションを増やし、コミュニケーションを深化させる「共創」があった。

また、この身体表現を介した個人間の共創において、参加者たちは他者との境界線のきわを探り続けることとなった。これは共に表現を創作した他者への理解を促すと同時に、全員が等しく違うということも浮き彫りにした。

アーティストの大西氏は、この「共創」によって浮かびあがる自己と他者の明確な境界について、次のように語った。

今回のプロジェクトでは「共創」の前に、そもそも「個人」というものを徹底的に考えてもらいました。ここに手を伸ばしてみる、こんなスピードで相手に投げかけてみたいなど、「個人」の中の感触がしっかり自分の中に根ざしているかどうかを絶えず問いかけるような働きかけをしてきました。芸術文化行政コースの「私」、ぺピータくらぶの「私」、アーティストの「私」。自分の中にある「個人」としての存在を見つめるための投げかけをしました。たくさんの「私」がいるなかで、このワークショップのときだけは、「個人」や自分自身の身体の感触を大事にして欲しかったからです。

そして、「自分」に徹底的に問いかける。「自分」と「他者」はこれだけ違う。「自分」の生き方は、「他者」とどんなふうに違うのだろう。「自分」はどんな生き方をしたいのだろう。たくさん問いかけた結果、「自分」と社会との付き合い方の小さな種みたいなものが生まれた。これは「共創」のなかで創り出せたものです。ひとつでも「自分」の中に根差した基準があれば、選択肢を持っていれば、生き方をその場で創りだすことができるのではないでしょうか。

本プロジェクトによって設らえられた、地域に暮らし、活動する人々と「共創」する場は、社会の縮図でもあった。つねに学生たちは身体表現というアートの手法を用いて、多様な背景を持つさまざまな人々が共に生きるための社会の実現へアプローチした。

しかし当初、そこには「自分自身」が含まれていなかった。学生たちは、いかに「他者（障害者）」を支えるか」「他者（障害者）の生きやすい社会を実現するか」を考え、「自分自身」がその社会の一員であり、共に生きるひとりであることに意識を向けていなかったのである。

他者と共創する過程で、学生たちは自己の振る舞いや社会における個人の在り方を試行錯誤した。また、その内省を経るなかで自分と他者の差異を発見し、個人としての自己を知ることとなった。そして、自分と他者がいて初めて成り立つ共創において、自らもまた社会の一員であることに気づき、他者の変化だけでなく、自分自身の変化に目をむけるようになった。

学生たちにとって本プロジェクトは、文化政策やアートマネジメントを学ぶ場であった以上に、他者との関わりの中で自分自身を見つめ直す貴重な機会となった。そして、個人と他者との関係性を再構築していく共創の過程で、社会の一員としての自覚を深め、共生の在り方を再考し、実体験として学ぶ場となったのである。

参考文献

「文学部 芸術文化行政コース『制作実習A・B』取材レポート①」成蹊大学公式ウェブサイト Highlights https://www.seikei.ac.jp/university/highlights/2021/11666.html 二〇二一年一二月六日最終更新。

「文学部 芸術文化行政コース『制作実習A・B』取材レポート②」成蹊大学公式ウェブサイト Highlights https://www.seikei.ac.jp/university/highlights/2021/11811.html 二〇二一年一二月二三日最終更新。

「成蹊大学文学部芸術文化行政コース 成果発表会を開催しました」成蹊大学公式ウェブサイト News & Topics https://www.seikei.ac.jp/university/news_topics/2022/13744.html 二〇二二年一一月二日最終更新。

「共創学会について」共創学会 https://nihon-kyousou.jp/about/ 二〇二四年一一月二日最終閲覧。

「共創とは？求められている背景と3つの種類、得られる効果」NTTコミュニケーションズ OPEN HUB

for Smart World　https://openhub.ntt.com/journal/5558.html　二〇二五年一月一二日最終閲覧。

特定非営利活動法人ペピータ　https://www.npopepita.com/　二〇二五年一月一二日最終閲覧。

槇原彩（二〇二三）「障害当事者と大学生の共創的芸術実践による障害理解の可能性：成蹊アートプロジェクト2022を事例として」『成蹊大学文学部紀要』五八巻、五五—九八頁。

吉備友理恵・近藤哲朗（二〇二二）『パーパスモデル：人を巻き込む共創のつくりかた』学芸出版社。

熊倉純子監修（二〇一四）『アートプロジェクト　芸術と共創する社会』水曜社。

第六章　音楽がつなぐ縁
――武蔵野市「友好と平和の第九」と成蹊大学ルーマニア交流事業――

竹内敬子

1 「ルーマニアホストタウンムサシノ」

武蔵野市は2020東京オリンピック・パラリンピックにおいてルーマニアの「ホストタウン」に登録された。この「ホストタウン」とは、「2020東京オリンピック・パラリンピック競技大会におけるホストタウン関係府省庁連絡会議」で決定されたもので、「大会参加国・地域との人的・経済的・文化的な相互交流を図るとともに、地域の活性化等を推進すること」を目的に、国が、特定の国・地域の「ホストタウン」として地方公共団体を「登録」する、というものである。いずれかの国・地域の「ホストタウン」となるためには、地方公共団体はその国・地域を対象とした交流計画を提出して申請を行い、国の審査を経る必要がある。

武蔵野市には、海外五カ国に六つの友好都市があり、それぞれの都市との間で交流が重ねられていた。具体的には、アメリカ合衆国テキサス州ラボック市、中華人民共和国北京市、大韓民国ソウル特別市江東区および忠清北道忠州（チュンジュ）市、ロシア連邦ハバロフスク地方ハバロフスク市、ルーマニア国ブラショフ市である。

武蔵野市は、それら六都市のうちの一つ、ブラショフ市を擁するルーマニアを選び、その「ホストタウン」となるべく国に申請を行い、これが認められ、二〇一六年より「ホストタウン」活動を始めた。武蔵野市がルーマニアを選んだ理由は、武蔵野市とブラショフ市の間の交流が他の五都市とはいささか様相を異にしていたからである。もちろん、他の五都市との交流が盛んでなかった、という訳では決してない。ラボック市、北京市、ソウル市、中州市、ハバロフクス市との間では、隔年で青少年の派遣事業および受け入れ事業が行われ、派遣された青少年は、外国の文化や歴史に触れ、ホームステイで外国の暮らしを経験し、現地の青少年と交流・交歓を行い、国際的視野を広め、国際理解を深める貴重な機会を得た。受け入れ事業においても同世代の外国人との交流・交歓は武蔵野市の青少年の国際人としての成長の機会として大きな成果を上げていた。ただし、これらの事業は、もちろん幅広い市民の協力がありつつも、武蔵野市による事業として市の主導で実施されていた。

これに対し、ブラショフ市の場合は、武蔵野市による交流事業と手を携えながらも、「市民レベル」での独自の「草の根」の交流が自発的に、かつ、約二五年間もの長きにわたって継続され、その中で両市の関係が発展してきた、という点に特徴がある。そもそも武蔵野市とブラショフ市の関係には、一九八九年のルーマニア社会主義共和国でチャウシェスク独裁政権が崩壊し、人々が民主化への道を歩み始めたことが大きく関与している。この民主化の過程で、さまざまな芸術活動は喫緊の政治的課題の優先や社会的混乱の中で困難に直面することになった。

そうした中、武蔵野市出身で、ルーマニア国立ジョルジュ・デュマ交響楽団（現在は国立ブラショフ・フィルハーモニー交響楽団と改称）の指揮者であった曽我大介氏は、一九九一年、資金難に苦しむ同楽団への支援を武蔵野市に求めた。この楽団はブラショフ市を拠点とする楽団である。一九九二年、武蔵野市他三市が共同で同楽団を招聘し、複数の演奏会が開かれた。音楽家である楽団員にとっては、演奏機会の減少は何よりも辛いことであったため、こうして聴衆の前で演奏する歓びは何ものにも代えがたいものであった。そして、音楽への愛に満ちたその演奏は聴衆を深く感動させた。

武蔵野市ではこの時、楽団員と市民との交流・交歓の機会ももうけた。市民はボランティアで演奏会の運営の手伝いや楽団員のアテンドを行い、楽団員と市民の間には温かい友情が芽生えた。市民の間には、この友情を一過性のものにせず、永続するものにしたい、という強い思いが生じ、「武蔵野ブラショフ市民の会」（現在は「武蔵野市ルーマニア市民の会」と改称）が誕生した。楽団員帰国後も、同会のメンバーと楽団員たちは連絡を取り合い、ルーマニアでその後も続く困難に対し、メンバーによるさまざまな支援活動が実施され、武蔵野市民と楽団員、さらにはブラショフ市民との友情は着実に育っていった。

武蔵野市は「音楽から始まった」この友情、国際交流、国際協力を鑑み、一九九八年にブラショフ市に「日本武蔵野交流センター（のちに日本武蔵野センターに改称）」を設置し、日本語教室を開設した。同センターでは、日本語教室の生徒やブラショフ市民に日本文化の紹介、普及も行なっていた。武蔵野市民からは、こうした日本文化紹介の際に利用してもらうべく、書道や茶道の道具、着物、浴衣、そして漫画やアニメのＤＶＤなどの寄付が寄せられた。筆者自身、二〇一六年秋に同センターを訪問したが、ちょうど、日本文化紹介のイベントが開催されており、市民に習字に触れる機会が提供されていた。参加者はとても楽しそうに日本の文字を書いていた。

同センターに設けられた日本語教室の生徒の中から毎年一～二名の研修生を武蔵野市に招き、ほぼ一ヶ月にわたり、日本の文化や暮らしをじかに感じ、学んでもらう機会が続けられたことも特筆すべきである。この研修生招聘には、もちろん、武蔵野市の関与も大きかったが、ホームステイ、有名な観光地への案内、交流・交歓の実地のアテンドなど、研修の実施にあたって「市民の会」が果たした役割は非常に大きかった。自治体間の国際交流に市民がここまで大きく関わり、貢献するというのは稀有な事例であり、この市民レベルでの貴重な実績の積み重ねが、ホストタウン活動において有効に働き、ルーマニアの人々と武蔵野市の市民の実り多い友好につながるであろう、という考えのもと、武蔵野市はルーマニアのホストタウンとなることを申請し、それが認められたのである。

2　成蹊大学東京オリパラプロジェクト・ルーマニア交流事業

オリンピック・パラリンピックが自国で、自分が暮らす街で開催される、ということは、生涯の間、そう何度もあることではない。しかも、それが「大学生」という、若く、感性が柔軟で、活力に溢れ、社会人に比べ時間にも自由が効く時期に、オリンピック・パラリンピックを観戦したり、ボランティア活動などの貴重な体験や学びの機会を持てる、ということは非常に恵まれたことである。成蹊大学では、この稀有な機会に学生たちにさまざまな体験に挑戦し、生涯忘れ得ない貴重な思い出を作り、その中で自らの幅を広げ、大きく成長してもらいたい、と考え、「成蹊大学東京オリパラプロジェクト」を立ち上げた。成蹊大学は公益財団法人東京オリンピック・パラリンピック競技大会組織委員会と「2020年東京オリンピック・パラリンピック競技大会大学連携協定」を締結しており、同委員会と連携しつつ、また、地域レベルでは「東京2020オリンピック・パラリンピック競技大会等に向けた武蔵野市実行委員会」と緊密に連携しつつ、「成蹊大学オリパラプロジェクト」内にオリンピック・パラリンピック学習事業、ルーマニア交流事業、上級ボランティアガイド養成事業、地域情報多言語化事業の四つの事業を設置した。

筆者はこのルーマニア交流事業の「リーダー」に任命された。担当職員として学生生活課職員数名が配置され、我々教職員スタッフは、武蔵野市市民部多文化共生・交流課と連携しつつ、成蹊大学独自の活動も活発に行うべく、二〇一六年秋より準備を始めた。学生の参加を得ての交流事業の本格的開始は二〇一七年四月とすることになった。

筆者をはじめ、教職員チーム全員がルーマニアについてほぼ何も知らないと言って良い状況であったため、まずは自分たち自身が「ルーマニアについて学ぶ」というところからスタートした。「市民の会」の方からお話をうかがう他、ルーマニア観光局など、「ルーマニア」と名前がつくさまざまな組織を訪問してお話を聞くことを重ねた。筆者はリーダーに任命された直後、機内泊二泊、三泊五日の強行軍でルーマニアに渡航し、日本武蔵野センターも訪問した。武蔵野市国際交流協会が主催するルーマニア語の講座に出席し、市民の方たちとともに言語と文化を学んだりもしながら、少しずつルーマニアについての知識を深めていった。それと並行して、二〇一七年四月以降、ルーマニア交流事業への学生参加の準備も進めていった。

二〇一七年五月、「成蹊大学2020オリパラプロジェクト・ルーマニア交流事業説明会」を開催し、「学生スタッフ」を募集した。当初、教職員チームは「学生スタッフ」への応募は十数名と予想していたが、その予想をはるかに超えて八〇名以上の学生が登録を希望してくれた。学生たちの東京オリンピック・パラリンピックへの関心や、この機会に何かをやってみたい、という意欲が非常に高いこと、大学はこれに応えるべく支援の体制を整える必要があることを認識させられた。八〇名もの学生をどう機能的に組織していくか、どのような活動にどのように参加してもらうのか、という問題についても考える必要が生じた。

後日、学生スタッフとして登録した学生に向けて改めて「説明会」を開催し、今後の活動について話し合う機会をもった。その結果、「プロジェクト型」で活動を進めることになった。成蹊大学ルーマニア交流事業では、武蔵野市と連携したイベントで独自の役割を果たすという形（成蹊大学のブースを出すなど）、武蔵野市が主催するイベントに単に「参加する」という形、学生スタッフが独自のイベントを企画・運営するという形、などさまざまな形で学生たちが活動を展開することが予想された。その際、それぞれのイベントごとに「関わりたい」あるいは「関われる」学生たちがプロジェクトを組み、参加者同士の連絡や情報交換をプロジェクト単位で行うことにした。

教職員チームは、八〇名以上の学生スタッフとどのように事業を進めていくか、「プロジェクト型」がうまく機能するか、頭を悩ませていたのだが、実際には学生スタッフがこの「プロジェクト型」を推進する上で非常に有効な案を出してくれた。それはOffice 365の中のTeamsというチャットルームの利用である。まずは全体に向けてプロジェクトを提案し、プロジェクトの立ち上げが決まったらそのプロジェクトごとに参加を希望する学生で「チーム」を作り、連絡や意見交換をその「チーム」内で行う、という案だ。そしてTeamsの使い方についてもＩＴに強い学生スタッフが他の学生むけに「講習会」を実施してくれた。教職員があれこれ頭を悩ますよりも、学生のアイデアや自発性に任せる方が創造的で生産的に活動が組み立てられそうだ、という、嬉しい手応えを感じることが出来た。こうして、学生スタッフとともにルーマニア交流事業を進める体制が整った。

写真1　2018年の交流　鎌倉を案内（提供：成蹊大学）

その後、ルーマニア交流プロジェクトは実にさまざまな活動を行った。二〇一七年、二〇一八年、二〇一九年の夏には前述の日本武蔵野センターで日本語を学ぶ生徒の中から選ばれた研修生のアテンドの一部を担当した。学生スタッフは、研修生と連絡を取りつつ、研修生が「日本でやってみたいこと」を中心にプランを組み立て、若者同士ならでは交流を行い、研修生から大変好評であった。（写真1）

二〇一九年一月に武蔵野市が開催した「ホストタウン交流フェス Sports for All ルーマニア・パラ」では、ブースを出展した。このイベントでは、強化練習のために来日したルーマニアのパラアスリートが来場し、視覚障がい者柔道やパラ卓球のデモンストレーションが行われた。成蹊大学ルーマニア交流事業のブースでは、学生スタッフがこれまでの活動を写真とともに紹介する展示を行った。また、自分たちで作成したルーマニアの風景やルーマニア料理を題材としたジグソーパズルにたくさんの子供達がチャレンジし、ブースは非常に盛況であった。

コロナ禍であらゆる活動に大きな制約が課せられる中でも、ルーマニア交流事業は歩みを止めることなく、工夫しながら活動を重ねた。二〇二一年一月、日本武蔵野センターの生徒と成蹊大学の学生スタッフはZoomで交流を行い、お互いに「好きなお菓子」を見せ合うなど、楽しい時間を過ごした。同センターの生徒たちの要望を受けて成蹊大学の学生スタッフが行った「高校生の流行語」のプレゼンテーションは、教科書では学べない、しかし日本語を学ぶ若い生徒たちが「一番知りたい」言葉を学ぶまたとない機会となった、と大変喜ばれた。

コロナ禍で学生スタッフが発案・企画した事業で特筆すべきものの一つは、二〇二一年二月に学生スタッフ二名によって行われたルーマニアパラリンピック委員会のサリー・ウッド・ラモント会長およびルーマニアのパラリンピックアスリートでリオデジャネイロオリンピック視覚障害柔道六〇キロ級銅メダリストのアレクサンドル・ボロガ選手へのオンラインインタビューである。学生の発案によるこの企画は、武蔵野市市民部多文化共生・交流課の協賛を得て、非常に充実したものとなった。学生スタッフは、英語でラモント会長、ボロガ選手にインタビューを行い、その動画に日本語字幕をつける作業を行った。さらに、武蔵野市から紹介された通訳・翻訳者の力を借り、ルーマニア語字幕をつけたバージョンも作成され、日本語話者、英語話者、ルーマニア語話者を対象に動画は世界に向けて発信された。

ルーマニア交流事業の中でもう一つ重要なものとして、ルーマニアの伝統楽器であるパンフルートの魅力を伝えるパンフルートグループの活動がある。パンフルート奏者咲久徠史子氏の指導でパンフルートの演奏を学び、学内外で演奏活動をしている。このグループの活動については別途後述する。

このように、ルーマニア交流事業で学生スタッフたちは、これらの活動の中で多様な体験と学びを重ねてきた。ルーマニア交流事業の成功は、学生スタッフたちの活躍に負うところが大きい。だが、もう一つ、武蔵野市の「音楽」を重要な柱とした活動のあり方が、武蔵野市のホストタウン活動、そして成蹊大学のルーマニア交流事業の成功に大きな影響を与えたのではないか、と考えられる。以下、その点について論じていきたい。

3　「武蔵野市・ブラショフ市友好交流25周年記念コンサート　武蔵野市友好と平和の第九」とその意義

成蹊大学ルーマニア交流事業では、実に多岐にわたる活動を行ってきたが、ここからは、「音楽」を通じての交流に注目したい。前述したように武蔵野市とブラショフ市の交流の契機は「音楽」であった。この経緯を踏まえて、武蔵野市では、ルーマニアホストタウンの活動の本格的始動の契機となる重要で大きな取り組みとして二〇一七年一一月二三日、「武蔵野市・ブラショフ市友好交流25周年記念コンサート　武蔵野市友好と平和の第九」（以下「友好と平和の第九」）を行った。音楽を通じた交流はその後もホストタウン活動で多くの市民の参画を得つつ、主要な位置を占め続けた。これは、武蔵野市のホストタウン活動の最も重要な特徴の一つである。

成蹊大学のルーマニア交流事業の学生スタッフもこの公演に色々な形で関わる機会を得た。「友好と平和の第九」は、武蔵野市民からなる合唱団を結成し、ルーマニア国立ブラショフ・フィルハーモニー交響楽団（以下「ブラショフ交響楽団」）を再度日本に招き、ルートヴィッヒ・ヴァン・ベートーヴェン作曲の「交響曲第9番 ニ短調 作品125」（以下「第九」）を演奏しようという、意欲的で大規模なものであった。指揮者は、もちろん、前述した曽我大介氏である。市民合唱団は二〇回以上にわたる練習を重ね、本番では二三五名の合唱団がブラショフ交響楽団の団員たちの演奏にあわせ第九を熱唱した。会場の武蔵野市民会館大ホールは満席で、観客は合唱団員と楽団員の演奏に強く心を打たれた。ちなみに筆者も合唱団の一人として壇上に立った。ルーマニアの交響楽団員と武蔵野市民の合唱団員が心を一つにして同じ音楽を奏でる、という「交流」は、とても感動的で心の深いところで演奏者全員と、また観客と繋がれたように思う。（写真2）

武蔵野市では、コンサートに加え、楽団員と市民の交流の機会も設けた。その一つが「一日交流」である。楽団員はグループに分かれ、市民が観光のアテンドをしたり、自宅に招待して昼食をともにしたりした。成蹊大学ルーマニア交流事業の学生スタッフも、楽団員二名を浅草に案内し、その後、一緒にスーパーマーケットで食材を買い、南町コミュニティセンターですき焼きを作って夕食を楽しんだ。

写真２　「武蔵野平和と友好の第九」コンサートの様子
（提供：武蔵野市）

ブラショフ交響楽団来日という貴重な機会に、成蹊大学のルーマニア交流事業も一一月二八日、成蹊学園大講堂で「成蹊大学２０２０オリパラプロジェクト・ルーマニア交流事業　ルーマニア国立ブラショフ交響楽団コンサート＆講演会～国を越えて手をつなごう」と題した「レクチャー＆コンサート」を企画した。コンサートの演目は、ベラ・バルトーク作曲「ルーマニア民族舞踊組曲」、ルートヴィッヒ・ヴァン・ベートーヴェン作曲「交響曲第5番 ハ短調 作品67」である。このコンサートでは指揮者の曽我大介氏による「ルーマニア文化」や演奏される曲についての解説があり、「レクチャー」と「コンサート」を組み合わせた充実したものであった。成蹊学園の大講堂は音楽用のホールではないが、残響が長く、また、雰囲気に趣があり、曽我氏からも学団員からも、気持ち良く演

写真3　成蹊学園大講堂での「レクチャー&コンサート」
(提供：成蹊大学)

奏が出来た、と好評であった(写真3)。観客からも大変好評であった。

学生スタッフは、ポスターの作成、当日配布された曲の解説つきのプログラムの作成、当日の会場整備、案内係、楽団員のアテンドなど多岐にわたって活躍し「レクチャー&コンサート」の成功に大きく貢献した。「レクチャー&コンサート」の司会も学生が担当した。終了後には関係者の懇親会が開催されたが、この会の司会も学生が担当した。

学生たちは事前に話し合いを重ね、アイデアを出し合い、どの仕事についても誠実に、そして見事に遂行した。この「レクチャー&コンサート」では数十名というルーマニア人楽団員と直接触れ合い、交流する機会があった。学生スタッフは、ルーマニアを一気に身近に感じることが出来たようだ。

二〇一七年秋に「武蔵野市友好と平和の第九」が実施され、二〇〇名規模の市民合唱団が結成され、ブラショフ交響楽団が丸ごと武蔵野市を訪れ市民合唱団と共演する、という一連の計画は、武蔵野市のホストタウン活動が大規模で意欲的で積極的なものであることを期待させた。成蹊大学のルーマニア交流事業の始動にあたっても、この企画が予定されていたことが、学生スタッフたちの「何かすごいことが出来そう」という期待に、ある種の「根拠」を与えたと言えよう。そして、「武蔵野市友好と平和の第九」および、学内での「レクチャー&コンサート」に関わる中で、学生スタッフがこれらの成功に寄与したというたしかな実績をあげた。学生たちは、そのことに誇りを感じ、一つ一つの仕事、出来事、交流に高揚感を感じた。「レクチャー&コンサート」では、それぞれの持ち場で責任を果たしながらも耳に入ってくる楽団員の演奏が、学生スタッフの心を動かしたし、その演奏に聴き入る観客の姿は学生スタッフに「音楽を通じた交流」の素晴らしさを印象づけた。

「レクチャー&コンサート」の実施は、これに直接に関わった学生スタッフにとって貴重な体験となったが、成蹊大学の学生・教職員全体にとっても大きな意義のあるものであった。「学内でコンサートが開かれる」ことが、とても素敵な体験をもたらしてくれる、ということが広く深く認識、実感されたのである。

翌二〇一八年九月、武蔵野市からブラショフ市に二九名の文化交流市民団が派遣された。成蹊大学のルーマニア交流事業学生スタッフ二名もこの市民団の一員としてルーマニアを訪問した。

二九名のうち一五名は合唱団員としてブラショフ・フィルハーモニー交響楽団と再度共演し、「第九」の舞台に立った。武蔵野市での共演で結ばれた音楽を通じての絆、そしてその後の交流で結ばれた友情を感じながら、ブラショフの地で再会した楽団員たちと再度「第九」を歌う、という経験は感動にあふれるものであった。

二九名のうちの残りの一四名は文化交流団員として日本武蔵野センターで「日本・武蔵野文化フェスティバル」という交流イベントを開催し、参加者に日本文化を伝え、体験してもらうという活動を行なった。二名の学生スタッフは、この文化交流団員の浴衣・着物チームの一員として着付けの紹介をした。学生スタッフは、日本武蔵野センターで日本語を学ぶ生徒からブラショフを案内してもらう機会も得た。ブラショフ市の風景や街並みを実際に見たことやルーマニアのコース料理を体験したことは、学生スタッフにとってルーマニアやルーマニアの人々をきわめて親しく感じる契機となった。

文化交流団員は、聴衆として楽団員と市民合唱団の再度の共演を楽しんだ。学生スタッフは、成蹊大学のコンサートで身近にサポートした楽団員の演奏を、ブラショフの地で聴くことにひときわの感慨を覚えたに違いない。また、市民派遣団としてともにブラショフまで足を運び親しくなった合唱団員が一心に歌う姿は、ひときわ演奏を「熱い」ものに感じさせたのではないだろうか。音楽は、それがどんなに技巧的に優れ、表現の優れたものであっても、「直接は知らない音楽家」の演奏と「直接知っている誰か」の演奏とでは、後者により「思い入れ」をもって聴いてしまうということがある。そして、逆にその演奏を聴いた後に演奏者と親交を持つ機会が得られると、演奏者に対して特別な親しみを感じ、先ほど聴いた音楽が、より自分に近く生き生きとしたものとして思い起こされる、ということも起こる。音楽を媒介とした交流には、こうした特別の可能性があるのではないだろうか。学生スタッフは帰国後、学内報告会を開き、他の学生スタッフ、一般の学生、教職員にこの貴重な体験を伝え、学内のルーマニアへの関心を高めることに貢献した。

「武蔵野市友好と平和の第九」での市民合唱団とブラショフ交響楽団との共演、その翌年のブラショフでの市民派遣団と同楽団との再度の共演という二つの大きな「音楽を通じた交流」は多くの人の心に印象深いものとして記憶された。そして、この記憶は、武蔵野市のホストタウン活動においても、成蹊大学ルーマニア交流事業においても、常に活動の「下支え」として機能したのではないかと思う。

4　音楽は続く

音楽は、その後も武蔵野市のホストタウン活動にとって重要な役割を果たし続けた。二〇一九年七月、武蔵野市はブラショフ出身のソプラノ歌手、テオドラ・ゲオルギュー氏を招いた。ゲオルギュー氏と武蔵野市の深い「縁」は一九九三年に遡る。当時、彼女はブラショフ少女合唱団「カメラータ・インファンティス」に所属しており、同年、武蔵野市市民交流団がブラショフ市

写真4　成蹊学園大講堂での「ソプラノリサイタル」
（提供：成蹊大学）

を訪問した際、同合唱団の一員として美しい歌声で市民派遣団員たちを歓迎した。翌一九九四年、武蔵野市は同合唱団を招聘し、ゲオルギュー氏もその一員として来日した。同合唱団員はコンサートでの演奏の他、ホームステイでの交流なども楽しんだのである。

ゲオルギュー氏は、二五年ぶりにプロの音楽家として武蔵野市を訪れ、武蔵野市民文化会館でソプラノリサイタルを開催し、美しい歌声で観客を魅了した。ゲオルギュー氏の滞在は四日間と短かったが、アウトリーチとして成蹊大学でもソプラノリサイタルが開催された（写真4）。シューベルト作曲「音楽に寄す」、アーン作曲「離れ家に閉じ込められたとき」などが歌われ、会場はその華麗な美声を賞賛する拍手に包まれた。また、ルーマニアの曲についてゲオルギュー氏自身が紹介する場面もあり、とても充実したリサイタルとなった。成蹊大学ルーマニア交流事業の学生スタッフたちは、当日の運営を担当した。

武蔵野市では、東京オリンピック・パラリンピック開催直前の二〇二〇年五月二四日に、ルーマニアからソリスト二名を招き、「むさしの友好と平和の第九２０２０」として再び「第九」を上演することを決めた。二〇一九年秋に市民合唱団員を募集し、二〇二〇年一月一二日、成蹊学園大講堂にて結団式と第一回の練習を行った。新編成の市民合唱団には、新しいメンバーも少なからずいたが、二〇一七年の公演に参加した団員も多く、これら経験者は良い意味で核となり、新しいメンバーを助けながら合唱団をまとめていった。こうやって「一緒に歌った仲間」が地域の中に増えていくことは、地域社会をより強いものにしていくことでもある。

いよいよオリパラの本番ということで、合唱団員の気持ちも高揚し、熱気に溢れた練習は順調に進んでいった。成蹊大学ルーマニア交流事業の学生スタッフからも三名が合唱団に参加した。この三名は練習日に会場の準備や受付の業務を担当するなど、運営にも関わりながら、初めての「第九」に前向きに取り組んでいた。筆者も再び舞台に立つことにして、学生たちと一緒に練習を重ねた。

しかし、新型コロナウィルス感染が徐々に広まり二月半ば過ぎから対面での練習は中止となってしまった。困難な状況の中、オンラインでの練習が始まり、合唱団員はZoomを通した曽我大介氏の指導に合わせ、他の団員も同時に武蔵野市のそこここで一緒に歌っていることを思いながら練習を重ねた。だが、状況は次第に悪化し、オリンピック・パラリンピックの開催すら懸念される中、チケット発売予定日であった四月三日の前日、公演が中止されることが合唱団員に知らされた。

周知のように２０２０東京オリンピック・パラリンピックはコロナ禍のために一年延期され、無観客で開催された。本来であれば、武蔵野市でも成蹊大学でもルーマニアの人々とかつてない規模での国際交流が実現するはずであったことを思うと残念でならない。しかし、ここまで重ねてきた音楽を通じた交流、活動は、こうした困難がありつつも、オリンピック・パラリンピックのレガシーとして今も続いている。

「第九」に関しては、その運営の比重を少しずつ市民の手に移しつつ、「武蔵野市友好と平和の第九２０２２」「武蔵野市友好と平和の第九２０２４」と二回の公演が成功裡に開催された。「武蔵野市友好と平和の第九２０２２」は武蔵野市とブラショフ市の友好三〇周年を記念し、ソリストとしてルーマニアで活躍するソプラノ歌手クリスティーナ・ラドゥ氏を招聘、「武蔵野市友好と平和の第九２０２４」ではブラショフ・フィルハーモニー交響楽団芸術監督でピアニストのイオアン・ドラゴシュ・ディミトリウ氏を招聘、とルーマニアとの交流が継続されている。ホストタウン活動が、このような形でレガシーとして着実に残り、育っていくという貴重な事例と言えよう。武蔵野市では二〇二二年より前述の日本武蔵野センターを通じた交流を解消し、ブラショフ市民と武蔵野市民の交流・友好の新たな形を築こうとしている。「武蔵野市友好と平和の第九」

は、多くの武蔵野市民がルーマニアとの繋がりを思いながら歌い、また、その繋がりを感じながら聴く、ということを通じて、この「新たな形」を創る実践をしていると評価できるだろう。

成蹊大学では、二〇二一年度をもって「東京オリパラプロジェクト」が終了した。ルーマニア交流事業については、前述したパンフルートグループがその後も活動を続け、現在にいたっている。最後にこのパンフルートグループの活動について簡単に紹介して本稿を終えたい。このグループは、武蔵野市国際交流協会（MIA）「国際理解プログラム　ルーマニア民族楽器のお話＆ワークショップ」にボランティアとして参加した学生スタッフ三名が、パンフルートに心を奪われ、この魅力を多くの人に伝えたい、と二〇二〇年一月に立ち上げたもので、ルーマニア交流事業のプロジェクトの一つとして活動を開始した。このワークショップで講師を務めた櫻岡史子（現在は咲久徠史子）氏を講師に練習を始めた。パンフルートは主に竹でできており長さの違うパイプを横に並べて留めたルーマニアの伝統楽器で、作りはシンプルであるが、その音色は柔らかで優しく美しい。

パンフルートグループの学生スタッフは地道に練習を重ねていたが、コロナ禍が徐々に深刻化して、対面での練習を行うことは難しくなり、オンラインで活動が続けられた。日本ルーマニアパンフルート協会により、二〇二〇年一一月に「第1回さくらりパンフルート発表会」が無観客で、二〇二一年七月には「第2回さくらりパンフルート発表会」が感染対策を十分に取った上で有観客で開かれたが、学生たちはこれらの発表会で演奏を行うまでに上達した。

写真5　ハイブリッドで行われたパンフルート・グループのクリスマス・コンサート（提供：成蹊大学）

二〇二〇年一二月にはオンラインで開催された「第3回日本パンフルートフェスティバル」に参加し、一流のパンフルート奏者の世界各地からの演奏を鑑賞した。このフェスティバルでは、海外プロ奏者によるレッスンのセッションもあり、パンフルートグループの学生スタッフたちはこれを受講する機会にも恵まれた。

このように、コロナ禍の困難の中で地道に活動を続けたパンフルートグループの学生スタッフたちは、二〇二一年一二月、成蹊学園大講堂にてクリスマス・コンサートを開催した（写真5）。コロナ禍の状況を鑑み、対面およびＬＩＶＥ配信のハイブリッドで実施した。「We wish you a merry Christmas」などのクリスマスソングに加え、ルーマニア民謡や、「野ばら」などの日本でも親しまれている曲が演奏された。また、指導者の櫻岡史子（当時）氏も数曲演奏してくださった。コロナ禍で緊張を強いられる日々が続く中、パンフルートの素朴だが美しい音色は観客たちの心を癒し慰めた。学生スタッフはさらにＬＩＶＥ配信された動画を自分たちで編集しオンデマンドでの配信も行った。

成蹊大学の東京オリパラプロジェクトは終了したが、パンフルートグループはその後も活動を続け、二〇二四年四月には課外活動団体のうちの届出団体に承認され「パンフルートサークル」の名で、これまでの実績を大切にしつつ新しいスタートを切った。成蹊大学の学園祭である欅祭での発表も二〇二四年度で三回目となった。この発表では毎回、パンフルートの演奏に加え、成蹊大学とルーマニアのつながりについても説明される。二〇二五年一月には成蹊大学を訪問したオヴィディウ＝アレクサンドゥル・ラエツキ在日ルーマニア大使の前でミニ・コンサートを行った。

パンフルートグループの活動は「武蔵野市友好と平和の第九」と直接繋がっている訳ではないが、武蔵野市の音楽を太い軸とするホストタウン活動とそれと関連して学生スタッフたちが重ねてきた活動、またそれと連動して成蹊大学内で「コンサートを開く」という経験を積んだこと、音楽を通じた交流の素晴らしさについての「知」が共有され引き継がれていたことと無関係ではないと思う。ルーマニア交流事業のレガシーとして、この「知」が長く継続されることを願ってやまない。

参考ＵＲＬ（最終閲覧日はすべて二〇二五年一月三〇日）

２０２０年東京オリンピック・パラリンピック競技大会における ホストタウン関係府省庁連絡会議「ホストタウン要項」 https://www.kantei.go.jp/jp/singi/tokyo2020_suishin_honbu/hosttown_suisin/pdf/ht_suisinyoukou.pdf

内閣官房オリンピック・パラリンピック推進本部事務局「ホストタウンについて」 https://www.kantei.go.jp/jp/singi/tokyo2020_suishin_honbu/hosttown_suisin/pdf/about_hosttown_suishin.pdf

武蔵野市ルーマニア友好市民の会（旧武蔵野ブラショフ市民の会） http://musashinobrasov2020.g2.xrea.com/kai_towa.html

武蔵野市「国際交流事業」 https://www.city.musashino.lg.jp/heiwa_bunka_sports/kokunai_kokusaikoryu/kokusai/index.html

「これまでのブラショフ市との交流について」 https://www.city.musashino.lg.jp/heiwa_bunka_sports/kokunai_kokusaikoryu/kokusai/brasov_koryu/1007490.html

「ブラショフ市との交流年表」 https://www.city.musashino.lg.jp/_res/projects/default_project/_page_/001/007/490/20220928keii.pdf

「武蔵野市友好と平和の第九 ルーマニア・ブラショフ・フィルハーモニー交響楽団」 https://www.city.musashino.lg.jp/heiwa_bunka_sports/kokunai_kokusaikoryu/kokusai/brasov_koryu/torikumi/event/2017/1030425.html

「２０１７年度ホストタウンムサシノ実施イベント」 https://www.city.musashino.lg.jp/heiwa_bunka_sports/kokunai_kokusaikoryu/kokusai/brasov_koryu/torikumi/event/1018797.html

「２０１８ ルーマニア・ブラショフ市への文化交流市民団派遣実施報告」https://www.city.musashino.lg.jp/heiwa_bunka_sports/kokunai_kokusaikoryu/kokusai/brasov_koryu/torikumi/event/2018/1021849.html

「ルーマニア・ブラショフ市出身のソプラノ歌手テオドラ・ゲオルギューさんが来日しています」https://www.facebook.com/musashinocity/posts/2588689147894988/?locale=zh_CN&_rdr

武蔵野第九２０２０ Facebook https://www.facebook.com/p/%25E6%25AD%25A6%25E8%2594%25B5%25E9%2587%258E%25E7%25AC%25AC%25E4%25B9%259D2020-100057072385030/

成蹊大学 成蹊大学東京オリパラプロジェクト「２０１７年活動内容」https://www.seikei.ac.jp/university/aboutus/chiiki/oripara_2017.html 「２０１８年活動内容」https://www.seikei.ac.jp/university/aboutus/chiiki/oripara_2018.html 「２０１９年活動内容」https://www.seikei.ac.jp/university/aboutus/chiiki/oripara_2019.html 「２０２０年活動内容」https://www.seikei.ac.jp/university/aboutus/chiiki/oripara_2020.html 「２０２１年活動内容」https://www.seikei.ac.jp/university/aboutus/chiiki/2021.html

「成蹊大学オリパラプロジェクト・ルーマニア交流事業 パンフルートグループがクリスマスコンサートを開催」https://www.seikei.ac.jp/university/news_topics/2021/11907.html

「在日ルーマニア大使が本学を訪れました」https://www.seikei.ac.jp/university/news_topics/2025/18625.html

第三部　広がる射程

現代版組踊『肝高の阿麻和利』

写真提供：あまわり浪漫の会

第七章　社会学の立場からアートプロジェクトを調査研究する

金　善美

1　本章の問題関心と狙い

二〇〇〇年代以降の日本社会では、トリエンナーレやビエンナーレ、芸術祭、フェスティバルなど、現代アートを中心とする芸術文化の創造と発信にフォーカスを当てたイベントが盛んに行われるようになっている。これらのイベントはその規模や歴史、目的、具体的な展開の様子こそ多様であるものの、一般的にはアートプロジェクトという名称で括られることが多い。そして比較的新しい芸術創造の形であるアートプロジェクトをめぐっては、社会一般だけでなく学術の領域においても多くの関心が寄せられ、これまで文化政策や経済学、社会学、人類学、美学といった分野を中心に一定の研究成果が蓄積されてきた。

本章では、アートプロジェクトの登場背景や社会にもたらす影響、現場で指摘される課題などに関する既存研究の成果の一部を踏まえつつ、「社会学の立場からアートプロジェクトを調査研究するには、いかなる観点から、何について調べたり考察したりすればよいのか」という問いに対する一つの具体的な答えを示す。それは絶対的な正解でもなければ、実際には様々な形を持つアートプロジェクト全般に対してまんべんなく適用されるほど凡庸性の高いものでもないかもしれない。とはいえ、アートプロジェクトをめぐる議論に関心はあるもののけっして詳しいとは言えない一般的な読者の思考を刺激することは可能であろう。

本章がこのような問題関心から出発する理由は、次の二点にある。

第一に、（詳細は後述するが）アートプロジェクトはその社会現象としての新しさゆえに、アートプロジェクトをめぐる諸相を具体的かつ的確にとらえられる方法論がまだ十分に確立・共有されていないからである。アートプロジェクトに関する論文や書籍はたくさんあるが、いざアートプロジェクトを調査研究したい人に何をどのように調べればよいのかを具体的に示してくれる文献は非常に少ないのが現状である。とりわけ芸術学や美学などを専門としない人にとって、そのハードルは相当高いのではないだろうか。こうした現状に対して、本章では一つの具体例を示すことで、読者の試行錯誤を少しでも減らしてみたい。

第二に、アートプロジェクトとは「芸術文化」と「地域・社会」という二つの異なる世界にまたがって展開される現象であり、そのため、アートプロジェクトに関する研究成果の知見は一つの学問領域におさまらない。しかし、アートプロジェクトを調べたい人が複数の学問領域の議論を網羅的に理解し、学問の垣根を超えながら研究を行うのは現実的には不可能に近い。では、文化社会学や地域社会学など、社会学を主なフィールドとする者には何ができるのだろうか。本章では社会学を学ぶ大学生や社会学的なアプローチに関心のある一般市民などを主な読者として想定した上で、社会学はアートプロジェクトのどのような側面を解明するのに有効なのか、また、そこで何が問題視すべき論点になり得るのかを、改めて整理してみたい。

ところで、読者の中にはアートプロジェクトという言葉にさほど馴染みのない方もいるだろう。あるいは、この用語を聞いたことはあるけれども、具体的な意味はよく分からず、美術館やギャラリーなどで行われる芸術創造の活動とは何が違うのか今ひとつよくわからない…と感じる方もいるのではないだろうか。したがってここでは、本題に入る前の導入として、まずはアートプロジェクトの基本的な定義と特徴を確認しておく。

アートマネジメントや文化政策に詳しい学者の熊倉純子によると、アートプロジェクトとは「現代美術を中心に、おもに一九九〇年代以降日本各地で展開されている共創的芸術活動。作品展示にとどまらず、同時代の社会の中に入りこんで、個別の社会的事象と関わりながら展開される。既存の回路とは異なる接続／接触のきっかけとなることで、新たな芸術的／社会的文脈を創出する」（熊倉監修 二〇一四：九）一連の活動をさす。広く知られた事例である「大地の芸術祭 越後妻有アートトリエンナーレ」や「瀬戸内国際芸術祭」のようにアーティストが美術館ではなく特定の地域社会に入り込み、時には現地の住民などと協力しながらその地域の風土や暮らしを反映した作品を制作し、観客は地域を回遊しながら作品とその背景にある地域社会に触れるという一連の展開が、そこには共通してみられる。

芸術社会学者の吉澤弥生は、アートプロジェクトとそれ以外の芸術生産活動の違いを①作家の単独作業から、多様な参加者による協働制作＝協働となる、②パーマネントの作品だけでなく、仮設の作品やワークショップを行う、③制作プロセスそのものやその固有性を重視する、の三点に見出している（吉澤 二〇一一：九七）。要するに社会現象としてのアートプロジェクトの新しさとは、既存の芸術-社会の間の関係性を超えて、芸術文化をより積極的に社会の中に埋め込もうと試みる点にあると言える。

では、このようなアートプロジェクトが二〇〇〇年代以降の日本社会において爆発的な増加したのはなぜだろうか。環境社会学者で日本各地におけるアートプロジェクトを研究している宮本結佳は、その背景にある要因として地域社会において固有の文化を生かしたまちづくり・地域づくりへの関心が高まっていること、作品を制作する作家たちが社会との関わりを希求するようになっていること、地方行政における文化支出の重点がハコモノ建設からソフト事業に移りつつあることなどを指摘する（宮本 二〇一八：i）。この点を踏まえるならば、芸術や美学のように直接的に芸術文化を対象とするわけではない社会学や経済学、人類学のような学問領域においてアートプロジェクトが注目されるようになったのは、ある意味自然な流れと言えるだろう。今日、アートプロジェクトを研究するということは、縮小社会において衰退が進む地域の活性化や移り変わり、社会の構造変動がもたらす生活上の新たな課題など、私たちの目の前にある地域社会の

写真１　東京都墨田区北部の街並み（2018年12月筆者撮影）

写真２　アートプロジェクトの様子（2012年11月筆者撮影）

「今」を問うことにつながるのである。

ここで、著者の履歴と研究上の関心についても簡単に紹介しておく。著者は社会学の研究者で、中でも都市・地域に関わる社会学を専門としている。アートプロジェクトに関する著者の関心は、しばしば文化政策や地域活性化の取り組みとして行われるアートプロジェクトがローカルな地域社会においてはいかなる関係性のもとで展開され、それが変わりゆく地域社会に何をもたらすのか、という問いの解明にある。このような関心にもとづき、これまで筆者は東京都墨田区北部における一連のアートプロジェクトの展開について調査研究してきた。墨田区北部においては一九九〇年代後半より小規模な芸術文化の創造・発信活動が始まり、徐々にアートプロジェクトとして制度化しながら、二〇一〇年代以降になると東京都や墨田区による文化政策の一部に取り込まれるという展開がみられた（金 二〇一二；二〇一八）。本章では著者のこのような調査研究の経験を踏まえつつ、アートプロジェクトを調査研究するための具体的なプロセスと論点、研究する意義などを論じていく。

本章は次のように構成される。第二節ではまず、筆者の過去の調査経験を振り返りながら、社会学の観点からアートプロジェクトを調査研究する際の具体的なプロセスや注意点、社会学的アプローチの有用性と限界などを説明する。続く第三節では、先行研究の知見を参考にしながら、とりわけ「芸術文化」―「地域・社会」の関係性をめぐってこれまで議論されてきた論点を検討する。最後の第四節では本章の内容を振り返り、改めて社会学の観点からアートプロジェクトを研究することの意義を示す。

2　アートプロジェクトの何をどう調べ、分析するのか

(1) 現場への入り方と調査のプロセス

ある大学生が、卒業論文のテーマとしてアートプロジェクトをとりあげるとする。具体的な調査研究を始めるにあたって、意識すべき点は何だろうか。また、漠然とした関心をどのようにして調査研究へ発展させていけばよいのだろうか。

ここではまず、アートプロジェクトに関する社会学的研究の多くが特定の事例にフォーカスを当てている、という点に注目したい。事例の規模や目的、舞台となる地域の特性こそバラバラであるものの、既存研究の多くは特定の事例にフォーカスし、ローカルな文脈においてアーティストや地域住民、行政、企業、観客などが持つ意識や具体的な作品制作の過程、複数の関係者ら（以下、アクターとする）が織りなす関係性などに目配りしてきたきらいがある。これはどうしてだろうか。

その答えは、そもそもアートプロジェクトが持つ特質の一つであるサイト・スペシフィックという考え方にある。美術評論家の暮沢剛巳の説明によると、サイト・スペシフィックとは、「特定の場所、特定の空間と分かちがたく結びつき、そのような不可分の関係性の中で成立する美術作品の在り方」をさす（暮沢 二〇〇二：八九）。そしてこのような考え方が生まれた背景には、絵

画や彫刻の概念が拡張されインスタレーション、アースワーク、パフォーマンスといった表現形態が生まれたこと、また、アートが美術館のような既成の空間から飛び出て場所の固有性を重視するようになったことなど、二〇世紀後半における美術史上の方向性の転換がある（中山 二〇二四）。要するにアートプロジェクトはその出発点から特定のローカルな場所（空間）との関わりを前提に成立する活動であり、そのため、アートプロジェクトに関する研究も、必然的にローカルな事例の研究の形をとることが多くなる。

したがって、こうした先行研究のアプローチを踏まえるならば、研究を始めるにあたって、まずは対象となる事例を選ぶ必要が生じる。その際、事例を選ぶ基準は調査者の問題関心によって多様であり得る。たとえば、観光や地域活性化との直接的な関連を追いたいなら、大都市よりは農村や漁村、離島など相対的に辺鄙な地方の事例の方が対象として的確と言える。長期間にわたる継続的なアートプロジェクトの展開が地域社会にもたらす変化を知りたいなら、始まったばかりのプロジェクトよりは「大地の芸術祭 越後妻有アートトリエンナーレ」や「瀬戸内国際芸術祭」など、比較的長い歴史を持つ事例の方が妥当であろう。また、創造都市（Creative City）など文化経済学的な政策論の視点を踏まえてアートプロジェクトを論じたいのであれば、「横浜トリエンナーレ」のような大都市型でかつ創造都市の議論を直接的な理論的土台とする事例がふさわしい。

重要なのは、調査者自身がどのような観点からアートプロジェクトについて考えたいのか、という自らの問題関心を事前にある程度定めておくことである。あるいは、調査者自身の問題関心を絞ることがなかなかできない場合は、熊倉監修（二〇一四）など全国各地の事例を網羅的に紹介している書籍も存在するので、カタログを眺めるような気持でそれらに目を通してみる方法もある。

事例が決まったら、次に取り組むべき作業は情報収集である。そのアートプロジェクトはいつから、どこで、どのような人や組織によって展開されているのか。投入される予算や参加するアーティストの数、動員観客数など、規模はどのくらいのものか。そこで発表される作品のテーマや内容はいかなるもので、表現形態はどのようなものか（映像やインスタレーション、ワークショップなど）。観客や舞台となる地域の人々の反応とはどのようなものかなど、今日のインターネット社会では現場に行く前に入手できる情報は非常に多い。大規模な事例やそれなりに歴史がある事例の場合はなおさらである。公式ホームページや関係者が作成するブログ、ローカルメディアや新聞にとりあげられた記事、すでにある程度知られている事例なら先行研究にあたる論文（書籍）などを一通り調べておきたい。まずはこれらの情報を入手し整理しておくことで、網羅的な全体像を頭に入れておくとよいだろう。

続いて、いよいよ現地におけるフィールドワークである。現在進行形で行われるアートプロジェクトについて調べる場合、現場に行くのは必要不可欠な作業である。制作過程の観察や作品の鑑賞（体験）、誰がどのように関わっているのかの把握などは、やはり現場に行かないと知りようがない情報である。そしてフィールドワークにおいて重要なのは、何となくの感で行動するのではなく、参与観察やインタビューの理論的な方法論（社会学の世界では質的社会調査とも呼ばれる）をある程度勉強した上で取り組むことである。見て聞いて経験した事柄をデータとして整理し、最終的には研究に仕上げたいなら、フィールドワークも関連する専門的な理論・知識に基づいて行われる必要がある。そのため、調査者は的確で価値のあるデータを収集して帰らないとならない。大学や自治体の図書館、街中の本屋に行って「質的調査」「フィールドワーク」「参与観察」「インタビュー」などをキーワードに調べると教科書のような書籍がたくさんあるので、それらをもとに調査の基本的な手順および注意点を改めて把握してから取り組んでほしい。

個別の事例にもよるが、アートプロジェクトの多くはボランティアスタッフや観客の存在を必要とするため、現場に入るハードルはさほど高くない。まずはスタッフとして、あるいは観客として入り込んで観察を始めてみよう。と同時に、関連する人や組織の意識・動向を把握するためにはインタビュー（聞き取り）が欠かせないので、対象者となり得る重要な人物から把握していく。インタビューの際は、事前に把握した情報をもとに質問をリストアップしておく。対象はリーダーや代表など中心的な立ち位置にある人物から実施し、徐々に補助的・周辺的な人物に移っていく方が望ましい。そうすることでアートプロジェクトという出来事の全体像をとらえやすくなり、また同じ出来事に対する複数の解釈・意見が得られる。

ところで、現場に入っていく際には注意しなければならない点もある。ここでは、とりわけ学生の立場からはつい疎かにしやすい二点を指摘しておきたい。一つ目に、フィールドワークでは生身の人間に直接会うことになるため、理論的な方法論の学習だけでなく、最低限の調査倫理をしっかり頭に入れておく必要がある。たとえば、「自らが調査者であることをきちんと明かす」「許可のない状態での撮影や記録はしない」「現場で知り得た情報を無暗にSNSなどに書きこまない」などである。二つ目に、フィールドワークは調査者にとって必要な・知りたい部分だけを「いいとこ取り」できるタイプの方法ではない、という点にも注意が必要である。アートプロジェクトのように目の前の出来事や変化、関係性を観察する調査には、一見無駄に思われる時間や手間も多く含まれる。たとえば、作品やイベントを準備する段階における様々な試行錯誤や、出来事が本格的に動き出すのを待ちながら他のアクターと雑談を交わす時間などがそれにあたる。また、必ずしも調査者の想定通りに進まないことも多い。したがって、フィールドワークに際しては常に時間的な余裕を持ち、状況の流動性・不確実性を前提に取り組む必要がある。

(2) 分析の軸：全体像と関係性の把握

社会学とは、異なる価値観をもった人間たちが多数集まって形成されるこの社会を、調査とデータをふまえて理解し説明しようとする学問である（日本社会学会 二〇〇八）。社会学の主眼は個人と社会が織りなす関係性の解明にあり、そのため、社会学は人々の社会的行為、相互行為、社会関係、その一定のパターンとしての社会構造とその変動、それらに影響を与える価値や文化の作用を、経験的・理論的に考察する社会科学として位置づけられる（宮島 一九九五：一二）。このような視座に立つならば、アートプロジェクトに関する社会学的な研究とは、アートプロジェクトを直接的・間接的に成り立たせている個人や集団同士の関係性やアートプロジェクトのしくみを、理論および調査から得られたデータに基づいて解明する作業を意味する。とりわけ、アートプロジェクトが何をもたらすのかについてはこれまで「芸術文化」と「地域・社会」という互いに異なる世界の接点が注目され、アートプロジェクトが持つ可能性と課題をめぐる議論もまたこのような関心の延長線上で展開されてきただけに、社会学の視点はアートプロジェクトを研究する際に一定の有用性を持つと言える。

それでは、先述したように動き始めた調査を、どのようにして社会学的な研究に発展させることができるだろうか。言うまでもなく、現場で見て、聞いて、経験して、感じたことを記録し集めただけでは、単なるデータの横並びに過ぎない。それらに何らかの解釈や分析を与えることで、「調査」は初めて「研究」に発展する。以下では、アートプロジェクトの現場で集めたデータを社会学的研究に育て上げる具体例として、筆者の調査経験を踏まえた二つの方向性を示しながら考えてみたい。

まず、アートプロジェクトに関わるアクター間の関係性や仕組みを網羅的に説明できる相関図のようなものを描いていく方向性がある。調査者がアートプロジェクトの現場で直接的に目にするのはアーティストや観客、地域住民、ボランティアスタッフなど、ローカルな次元のアクター

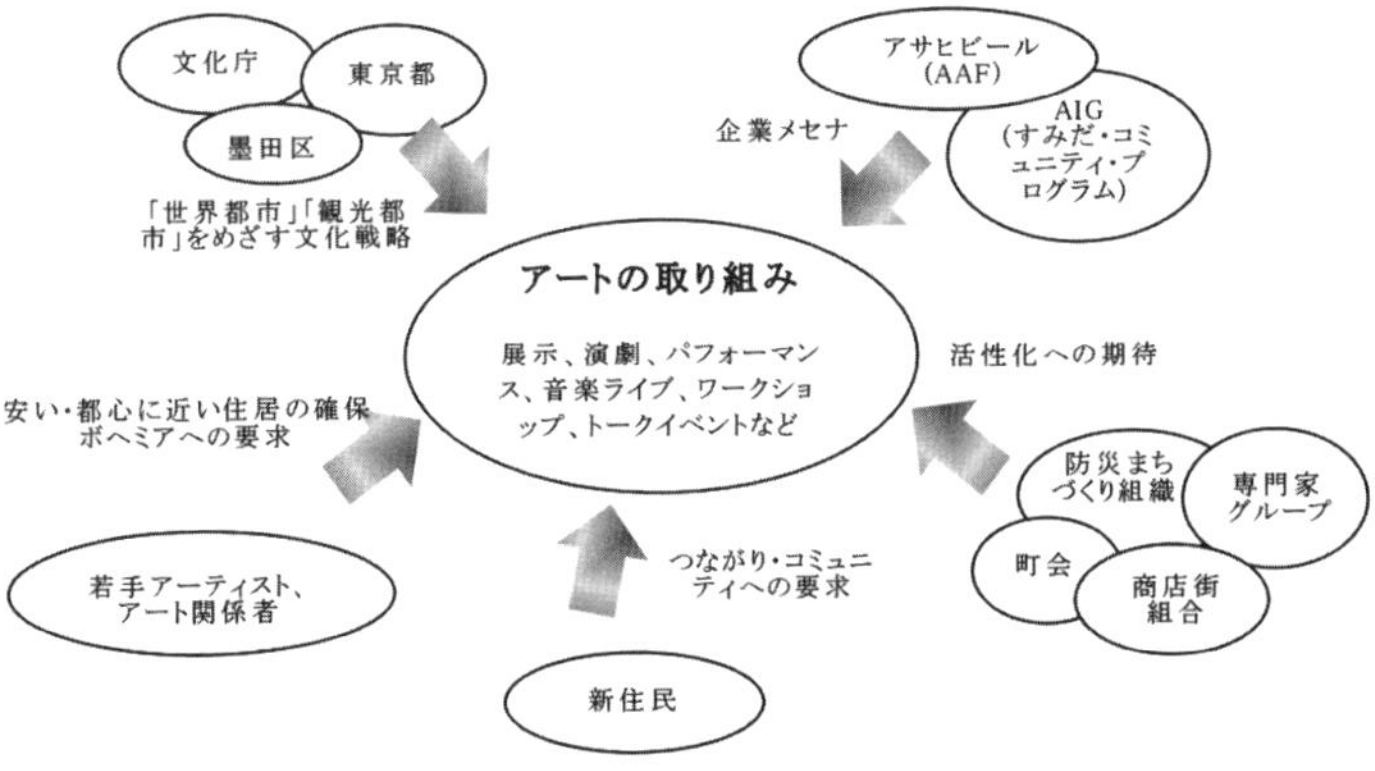

図１　アートプロジェクトに関わるアクターたちの関係図の一例（金 2012：48）

たちであるが、アートプロジェクトを成り立たせているのは彼・彼女らだけではない。その後ろには、様々な制度を通じて現場と関わりを持つ行政（国や自治体）や企業、メディアなどの存在がある。また、「地域」や「住民」などは一言で括られがちであるが、こうしたカテゴリーを構成する個人や組織の意識は実際には決して一枚岩ではない、という点にも注意が必要であろう。要するに、アートプロジェクトの現場を成り立たせているアクターはローカル／リージョナル／ナショナル／グローバルという複数の次元にまたがって存在しており、同次元内でもそれぞれのアクターの思惑はバラバラであり得る。アートプロジェクトとは決して自然発生的に生まれた活動ではなく、利害関心の異なる様々なアクター間の交渉やコミュニケーションの結果として成立する政治的な活動なのである。

図1は、筆者が過去に調査した東京都墨田区におけるアートプロジェクトの事例に基づいて作成した相関図の実例である（金 二〇一二）。このように関係性の図式化を通じてどのような個人や組織がいかなる思惑を持ってアートプロジェクトに関わっているのかを明示的に整理することができ、また、「アートによって地域が活性化する」「一部で問題点も見られる」など、しばしば漠然とした表現で語られがちなアートプロジェクトの目的や影響をより具体的に分析できるようになる。

こうした図式化はそれぞれのアクターへのインタビューや参与観察など、かなりの時間と手間をかけた質的調査を必要になるため、実際には決して簡単な作業ではない。しかし、その結果としてアートプロジェクトという出来事を一つの「社会」としてとらえることが可能になり、そうした「社会」を構成するアクター（個人や集団）らが織りなす関係性からアートプロジェクトの成り立ちと現状を説明し、今後の展望を予測することが可能になるのである。さらに、こうした図式化を試みることで一つのアートプロジェクトの時系列的な変化を説明したり、他のアートプロジェクトの事例と比較したりすることも用意になる。

もう一つの方向性は、アクター間で作られる関係性を分類し、「なぜ」や「どのように」を問うことで分析・考察を深めるというものである。とりわけ、アーティストや住民など、互いに立場や利害関心の異なるアクター間で生まれる協力（協働）や相互理解、新たな価値や資源の創出といった関係性は数々の先行研究で確認されており（宮本 二〇一八；吉澤 二〇一一）、それ自体、アートプロジェクトがめざす目標の一つと言ってもいい。一方、アートプロジェクトに関することれまでの研究の多くは、どちらかと言えば異なるアクター間の相違点よりは共通点、緊張・対立の場面よりは融合・共生の場面に重きをおいて論じてきた傾向がある。異なる思惑を持つアクターがアートプロジェクトの現場において一定の協力関係を形成する理由は何で、その過程はどのように展開されるのか。また、そうした一定の協力関係にもとづくアートプロジェクトの「成功」「盛り上がり」の裏で潜在的に存在する葛藤や亀裂があるとすれば、それはどのような内容か。こうした相反する問いを同時に設定することで、社会学はアートプロジェクトに関する研究の射程をより広げられる可能性を持つ。

たとえば金（二〇一八）では、災害発生時にきわめてリスクの高い木造密集市街地の街並みが一部の芸術作品において地域に固有な個性・魅力として位置づけられることをめぐるアクター間の微妙な認識のズレが見られた。偶然にも震災と戦災による被害を免れた東京東部の下町エリアには、築年数の古い木造家屋や幅が狭くくねくねした路地の街並みが残っている一角がある。一部のアーティストや地域情報誌のようなメディアはこのような町並みを昭和へのノスタルジーを刺激するロマンチックな「地域資源」と見なしたが、長らくそこで暮らしてきた住民の中にはそうは言いきれない両義的な感情を持ち、日常生活上の不便や防災上のリスクの高さを理由に路地の街並みを離れ、マンションに引っ越す者もいた。このような認識のズレはアートプロジェクトの現場において決して表面化することはないが、調査研究においては重要な手がかりとなる。そこには上述したサイト・スペシフィックの考え方が根を下ろす「サイト」をめぐる社会的・経済的・文化的な文脈が垣間見られるからである。葛藤や亀裂の局面にも目配りすることで、アートプロジェクトに関する研究はその舞台となる「地域」を単なる固定不変の背景ではなく、社会全体の様々な構造変動と連動しながら変化する生き物として立体的にとらえられるようになる。

（3）社会学にできることとできないこと

ここまで、社会学の立場からどのようにアートプロジェクトの調査研究を行うのか、その際に社会学の視座がいかなる有用性を持つのかを論じてきた。しかし、当然ながらそこには限界もある。本節の最後では、社会学の立場からはとらえられない（あるいは、とらえきれない）要素や、社会学的アプローチとは相性の悪いアートプロジェクトの側面についても簡単に付け加えておきたい。

まず、社会学の知識や考え方からは、芸術作品の表現を解釈したりその美的価値を評価したりすることに限界があると言わざるをえない。アートプロジェクトにおいて制作・発表される作品の多くは現代アートと呼ばれるジャンルのもので、かつその表現形態も絵画や彫刻のような古典的なものというよりはインスタレーションやアースワーク、パフォーマンス、ワークショップなど、比較的新しい形をとる。そのため、美学や美術史、芸術学以外の学問分野から「その作品世界において何が表現されていて、美的にはいかなる新規性・独自性がそこにあるのか」を詳しく考察して言語化することは、現実的にはかなり難しい。社会学は確かにアートプロジェクトのある側面を論じるには有用な道具になり得るが、しかしそれだけで事足りるわけではない。この点を別の角度からとらえると、税金を使った公共政策の一つとして行われるアートプロジェクトは全国に数多いが、いざその内実を具体的に評価するためには一定の専門性が求められるという点に、アートプロジェクトをめぐる議論の難しさがあるとも言える。

そしてもう一つ、これまでアートプロジェクトの理論的土台を作ってきた学術的議論との接続の問題がある。たとえばニコラ・ブリオーの「関係性の美学」は、アートプロジェクトに関する研究でしばしば引用される主要な概念である。ブリオーは一九八〇年代までの商業主義的な芸術のオルタナティブとして、人間同士の相互交流やその背景にある社会的な文脈に注目する非商業主義的・非物質的な芸術作品に注目し、それらをリレーショナルアートと呼びながら現代美術の広がりをとらえた（Bourriaud 一九九八＝二〇二三）。しかし、ブリオーの説明はあくまで美術史上の方向性の転換に着目したもので、地域社会や特定の空間・場所に関する社会学の既存理論をそこに接続させるのは容易ではない。社会学からすると、「関係性の美学」という概念で想定される「社会」とはいささかおおざっぱで抽象的すぎるようにも見える。アートプロジェクトを「芸術文化」―「地域・社会」の出会いとして定義するならば、社会学の知見と相性がいいのはどちらかというと「地域・社会」側の動向の解明ではないだろうか。その逆側、すなわち「芸術文化」側の動向の解明について社会学は十分な言葉を持たず、そのため、アートプロジェクトのある部分は常に社会学的なアプローチからはとらえられない死角として取り残される。

3　何が論点になり得るのか

ここまでの議論をまとめると、社会学の立場からアートプロジェクトを調査研究するとは、対象の射程を直接的な芸術文化の生産者（アーティスト）とその生産物（アート）以外まで広げ、地域住民や観客、行政など様々なアクターの思惑が交差する関係性の中でアートプロジェクトをとらえる、ということを意味する。つまり、社会学がその力を的確に発揮できる研究対象は、アートそのものというよりは、アートの生産をめぐる小さな社会の方である。

では、このような視座に立ったときに見えてくる論点とは何か。社会学はアートプロジェクトをめぐる諸相の中でどこに目を向け、何を掘り下げて検討すべきだろうか。つづく本節ではこうした問いについて、これまでの先行研究で議論されてきた内容を振り返りながら考えてみたい。おもな論点は、次の二点である。

(1) アートは地域活性化のために利用されているのか

第一の論点は、アートプロジェクトの実践の現場においてはしばしば地域活性化やまちづくり、コミュニティの構築といった社会的な価値の創造が優先され、アートやアーティストが政策のための道具として利用される可能性がある、というものである。アートプロジェクトを支える財源となるのは、一般的には国や自治体からの助成金、あるいは企業の社会貢献活動の一環としての芸術文化への支援（企業メセナ）である。それゆえ、アートプロジェクトには一定の公共性と政策的効果が求められる。このことは、後述する芸術生産の内実の変化だけでなく、長期的にはアートプロジェクトの舞台となる地域社会の変容を直接的・間接的に促し得るという点で、社会学的研究における重要な論点となる。

たとえば、東京都墨田区におけるアートプロジェクトの事例を検討した金（二〇一二）では、芸術作品において地域社会が表現の素材としてとりあげられることで地域が持つ価値や魅力が再発見され、結果的に衰退や貧困、負の歴史といった要素がアートの力で部分的に上書きされつつあることを指摘した。墨田区北部は近代以降、東京の中では相対的に社会経済的位置の低い零細自営業者やブルーカラーの労働者が多く住む住・商・工混在地域として発展してきた経緯があり、また20世紀半ばまで赤線と呼ばれる売春街が存在していた地域でもある。こうした古いの地域イメージの刷新は確かに地域を活性化させる効果を持つかもしれないが、同時にジェントリフィケーション（地域の社会経済的な高級化・中産階級化）の進行を後押しする可能性を持つ。また、横浜市中区黄金町において二〇〇八年より行われているアートプロジェクト「黄金町バザール」の事例をめぐっては、売春宿を多く抱える違法な特殊飲食店街を刷新・排除する過程でアートの制作・発信が政策的に進められるようになった経緯があり（吉澤 二〇一二）、こうした一連の展開はアートによる地域の「浄化」とも解釈できる。

要するに、「アートプロジェクトを通じて何が生み出されるのか」という問いを目の前の現場（アートプロジェクトの会場）を超えて舞台となる地域をめぐる政治的・社会的・文化的な文脈にまで拡張させた時、そこから見えてくるのは、一見よいことのように見える「地域活性化」という言葉がはらむ複雑な意味合いである。「活性化」「再生」などはアートプロジェクトの目的や主旨を説明する際にしばしば用いられる用語であるが、それは誰にとって何が「活性化」し、「再生」されるという意味だろうか。社会全体が目まぐるしく変化する今日、地域社会に暮らす人々の間でも複雑性と多様性が増しており、アートプロジェクトに直接的・間接的に関わるアクターの利害関心もまたバラバラである。このような関係性の中で展開されるアートプロジェクトでは誰のどのような欲望が実現され、誰が相対的に排除、あるいは不可視化されるのか。現代社会ならではの都市政策・文化政策の一環として行われるアートプロジェクトの影響と意義を検証するためには、これらの問いに向き合う必要がある。

(2) アートプロジェクトはアーティストに持続可能なキャリアを残せるか

第二の論点は、アートプロジェクトが芸術生産の内実とアーティストの労働環境に及ぼす影響をめぐるものである。上述した第一の論点がどちらかと言えば「地域・社会」側に焦点を合わせた問題提起だったとするならば、こちらは「芸術文化」側の問題としての側面が強い。とはいえ、芸術生産をめぐる変化が長期的には何らかの形で社会のあり方に反映されるという点で、ここでの問題提起は必ずしも芸術生産の当事者の間でのみ意味を持つわけではない。アーティストの多くが芸術生産に関わる仕事だけでは生計を維持することができず、文化産業を含む様々な産業の非正規労働者として働いている状況を踏まえると、以下の事柄はより普遍的な若者の労働問題としても位置づけられる。

アートプロジェクトの多くがその財政的基盤ゆえに公共政策としての性格を持ち、そこに一定の社会的価値の創出と政策的効果が求められることはすでに述べた通りである。そしてこのことは、やがてアートプロジェクトを通じて生産される芸術文化の質的な変化をもたらす。たとえば、アートプロジェクトに参加するアーティストの間では、反社会的・反秩序的な性格の強い表現や、暴力やセクシュアルな要素を含む表現などは一般的には避けるべきものとして認識されている（金 二〇一六）。アートプロジェクトの多くが地域活性化という目的のもとで行われる取り組みであり、そこに老若男女の参加が期待される点を考慮すると、行き過ぎた攻撃性や批判性はどうしても排除されやすいのである。

では、アートプロジェクトにおいて排除されない、よりふさわしい表現とは何だろうか。この点について文芸評論家の藤田直哉は、「地元と『溶け合う』ことや、産業を活性化させること、都市のアイデンティティを失わせないこと、観光客を呼び込むこと」が重視される傾向があると指摘している（藤田編著 二〇一六：二二）。このように、アートプロジェクトをめぐる議論では芸術作品が持つ美的価値や表現としての新規性・独自性という側面にはさほどの関心が払われず、相対的に後景化しやすい。この四半世紀の間、全国各地において数々のアートプロジェクトが盛んに開催されるようになったことを考えると、こうした状況はいささか皮肉にも見える。社会において芸術文化が持つ力に対する期待が高まり、作品制作の場は明らかに増えたが、いざそこで生産される芸術文化の内実に対しては新たな疑問や批判がつきまとうようになったのである。

芸術生産の内実をめぐる変化は、必然的にアーティストが置かれた労働環境にも影響を与える。一般的にアートプロジェクトはアーティストに制作拠点や作品発表の場を提供することで、とりわけ若手アーティストのキャリア形成に役立つと認識されてきた（熊倉監修 二〇一四）。他方、実際の労働環境は必ずしも条件のいいものばかりではなく、むしろ文化事業やアートプロジェクトに関わる人々の多くは低賃金・長時間労働・非正規雇用という環境条件に置かれているという調査結果もある（吉澤 二〇一一）。この点は重要な問題提起であるが、しかし、「好きなことをやって生きている人は苦労しても当然」「芸術という営みは非営利であって当然」といった社会認識および自意識がはたらいているがゆえに、芸術における労働の問題はこれまであまり照射されてこなった（吉澤 二〇一一：二一二）。

さらに、住民や観客、行政などさまざまなアクターとの相互作用の中で作品を作って行かなければならないアートプロジェクトの特殊性も、アーティストのキャリアに影響を与える要因である。金（二〇一六）では、アートプロジェクトに参加する若手アーティストたちに高度な役回りが要求されていることを明らかにした。というのは、アーティストは表現の新規性・独創性の追求という、言ってみれば芸術本来の問題だけでなく、たとえば公共政策としての一定の効果を期待する主催者型の期待や、地域活性化を意識しながら作品制作に協力する住民の期待なども同時に満たさなければならないという課題を抱える。アートプロジェクトがアーティストにとって新たなキャリア形成の場を提供する転機になったのは事実であるが、それは他方ではより複雑な悩みの種にもなったのである。この点は、芸術社会学や文化社会学を中心にさらなる調査研究が必要な論点と言える。

4　まとめ

本章では、筆者が東京都墨田区の事例を対象に過去に行った調査研究の経験を踏まえながら、社会学の観点からアートプロジェクトを研究するための手順や論点を論じてきた。フィールドワークを含む質的社会調査の理論的な方法論に従った現場（事例）への入り方や調査のプロセス、「社会調査」を「研究」に発展させるための分析の方向性などをなるべく具体的に示すことで、「社会学の観点からアートプロジェクトを調査研究するとはどういうことか」を読者が少しでもイメージしやすくなるように努めた。また、「芸術文化」―「地域・社会」の間の関係性を中心に既存研究で繰り返し指摘されてきた主要な論点を改めて整理することで、アートプロジェクトの諸相に対する読者の知的好奇心がこれまでの議論とも一定の接点を作るように試みた。

こうした一連の議論を振り返ったうえで、最後に強調したいのは、「社会学はアートプロジェクトの特定の側面を解明するのに有用な道具となり得る」という点である。アートプロジェクトを取り巻く世界を仮に現場における狭義のもの（アーティストと作品、観客で構成される世界）と広義のもの（アーティストと作品、観客だけでなく、地域社会に存在する個人・組織や行政、企業、メディアまでを含む世界）の二つにわけてとらえるなら、社会学がより貢献できるのはどちらかというと後者の動向や仕組みの解明ではないだろうか。すなわち、社会学的なアプローチはアートプロジェクトという出来事をめぐって形成される小さな「社会」のあり方を問うことで、協働と価値創造、対立、葛藤など、人間と集団が織りなす様々な関係性の中でアートプロジェクトが何を生み出しているのかを分析できる。

日本全国においてアートプロジェクトが盛んに開催されるようになって約二十年以上が経過し、関連する議論の主軸も「アートプロジェクトは地域を変える」といういささか素朴な期待から「アートプロジェクトは地域社会を／アート自身をどのように変えるのか」という疑問へ変化してきたように見える。このような状況において、社会学は舞台となる地域の社会経済的再編や芸術の創造・労働環境の変化など、アートプロジェクトの直接的な現場の背後にある問題群に目を向けることで、社会学ならではの答えを提供することができるのではないだろうか。大学生を含む若者や一般市民からの関心も高いテーマであるだけに、個別具体的な事例に関する研究成果の蓄積に加えて、アートプロジェクトという社会現象が持つ新規性・複雑性の理論的解明にも期待したい。

参考文献

金善美（二〇一二）「現代アートプロジェクトと東京『下町』のコミュニティ――ジェントリフィケーションか、地域社会の多元化か」『日本都市社会学会年報』三〇、四三―五八頁。

金善美（二〇一六）「文化芸術を活用した都市づくりと『創造性』の変容――東京都墨田区におけるアートプロジェクトの事例から」『文化経済学』四二巻一号、三三―四二頁。

金善美（二〇一八）『隅田川・向島のエスノグラフィー――『下町らしさ』のパラドックスを生きる』晃洋書房。

熊倉純子監修、菊地拓児・長津結一郎編著（二〇一四）『アートプロジェクト――芸術と共創する社会』水曜社。

暮沢剛巳編（二〇〇二）『現代美術を知るクリティカル・ワーズ』フィルムアート社。

中山亜美「サイト・スペシフィック」Artscape アートワード、https://artscape.jp/artword/5965/　二〇二四年三月一一日最終更新。

日本社会学会「社会学とは」社会学への誘い、https://jss-sociology.org/school/2008　二〇二四年九月二〇日閲覧。

藤田直哉編著（二〇一六）『地域アート――美学／制度／日本』堀之内出版。

宮島喬編（一九九五）『現代社会学』有斐閣。

宮本結佳（二〇一八）『アートと地域づくりの社会学――直島・大島・越後妻有にみる記憶と創造』昭和堂。

吉澤弥生（二〇一一）『芸術は社会を変えるか？――文化生産の社会学からの接近』青弓社。

Nicolas Bourriaud（1998）*Esthétique relationnelle*. Presses du reel.（＝辻憲行訳、二〇二三『関係性の美学』水声社。）

第八章　「アートによる共生社会」は持続可能か
――「現代版組踊」を例に――

鈴木理映子
日比野　啓

1　はじめに

アートが共生社会の実現のために貢献できることは本書の他の章で十分示されてきた。本章では、「アートによる共生社会」はどのようにして持続可能になるか、という問題を考えたい。換言すれば、アートによる共生社会がひとたび実現したとして、その後長期にわたって存続していくためには、いかなる「仕組み」が必要となるか、という問いだ。そして、その一つの答えとして、一九九九年に沖縄県うるま市で誕生し、その後全国に広がっていった「現代版組踊」の「仕組み」を取り上げて分析することで、公的助成をもとにアートプロジェクトを展開するという、現在主流になりつつある「仕組み」のアルタナティヴとしての可能性を提示する。

長続きさせるためには制度を作る必要があるが、制度を作ると「続いて」しまう。アートプロジェクトを運営する際のアポリアだ。話をわかりやすくするために、共生社会を実現するための

（架空の）アートプロジェクトを運営する組織について考えてみよう。地域に根ざしたアートプロジェクトであれ、障がいを持った人や外国人、高齢者のための社会包摂アートであれ、公共空間におけるパブリックアートであれ、社会にそれまでなかったものを現実のものとするためには、しばしばファシリテーターという名の個人（あるいは少人数の集団）の超人的な努力が必要になる。ファシリテーターが周囲の人々を巻き込む力を持っているかどうか、個々のステークホルダーや地域社会全体を説得してそのリソースを分け与えることに同意させることができるかどうかが、当該組織の成功の鍵だ。けれどもそれはまた、成功は属人的要素に拠るということを意味する。数年後、ファシリテーターが何らかの理由で組織を離れると、たちまちそれまでの熱気を失い、失速していくという危険性が（あらゆる組織同様）アートプロジェクトを運営する組織にはある。

また、多くのファシリテーターは超人的な努力をするが、「超人」ではない。強い意志と忍耐力を兼ね備えていても、理想のために歯を食いしばって努力をしていくうちに、疲弊していく、燃え尽きてしまうことも、またよくある。それは一つには、努力への金銭的対価がしばしば見合わないからだし、また一つには、周囲の人々が期待していたほど協力的でない、そうでなくても、自分の貢献が正当に評価されていない、と感じるからでもある。もちろん、興行的性格を持った演劇公演等と違い、共生社会を実現するためのアートプロジェクトでは、とりわけそれが公共的な枠組みで行われる場合、苦労して作ったものに訪問者や批評家がケチをつけたり、あるいはそもそも集客が全然見込めなかったりするので落胆する、ということは少ないかもしれない。とはいえ、こうした「ぬるま湯」的ともいえる環境もまた、とくに演劇制作者や美術館のキュレーター出身のファシリテーターにとっては我慢ならないものだったりする。社会的意義を義務的に評価するのではなく、「自分の」プロジェクトときちんと向き合ってほしい、という思いはファシリテーターとしては失格かもしれないが、人間的だとも言える。

そこで、制度設計をきちんと行うことで、属人的要素をできるだけ少なくしていく。それがアートプロジェクトの先細りやファシリテーターの燃え尽き症候群に対応するために誰しもが考えることだ。国の法律にすることから始まって、行政がアートプロジェクトを組織する団体への助成を通常予算として計上する、アートプロジェクトへの参加で学生が単位を取得できるよう大学が取り決める、はたまたファシリテーターを常勤雇用とする。だがここにも問題はある。制度となることで初発の意欲や熱気が失われたあとでも、「続いてしまう」のだ。予算が毎年下りるので行政が仕方なくやっているアートフェスティバルや、さほど意欲がなくても単位のために「頑張っているふり」をする学生はそれほどめずらしいものではない。

だから形骸化しやすい制度の設計だけでなく、共生のためのアートプロジェクトは可能であり、必要でもある、と社会全体が考えてくれるような「仕組み」を作る必要がある。「仕組み」も制度の一種だが、法制度や社会制度のように「かっちり」定まっていて、「きちんと」運用されることを期待するものではなく、もっと「ふわっとした」考えかたの枠組みのようなものを筆者たちは想定している。「アートは社会に必要だと思う、なぜなら私は表現することで自尊心を持つことができたし、みんなも見て楽しいと思ってくれたからだ」のようなことになるが、そこまで言語化する必要は必ずしもない。他方、学校や社会で、アートによる共生社会が実現することの意義を繰り返し説くことや、アートが持つ多様な表現力、共感力を育む力、社会問題への気づきを促す力等々、共生社会実現におけるアートの潜在的可能性を実例とともに示すことだけでは十分ではない。「仕組み」は「ふわっとした」考え方の枠組みであると同時に、アートによる共生社会はいいものだし、自分もその一部になりたい、そのために何らかの努力をしたい、と受け取る人に思わせ、実際に行動を促すようものでなければいけない。

そしてそのような「仕組み」が「仕組み」として成り立つためには、何よりもまず継続性が重要になってくる。アートプロジェクトの現場では、そのときどきの必要に応じてアドホックな仕組みを作らなければならないことが多い。だがきっかけは特定の状況であっても、そのアドホックな仕組みをリサイクルし、半永続的な仕組みに変えていくことで、仕組みは本当の力を発揮するようになる。ずっと長く続いており、多くの人がその仕組みのもとで動いてきた、という事実があると人はやる気を出すものだからだ。

アートプロジェクトにおける「仕組み」を継続させるための工夫は、組織を存続させるためにはどうしたらよいか、という問いに翻訳されることがある。東京都歴史文化財団・東京文化発信プロジェクト室が発行した小冊子「組織から考える継続の仕組み――〝アート〟と〝社会〟が長く付き合うためのインフラづくり」（二〇一四）は、題名からもこれまで述べてきたような問題意識を共有していることがわかるが、実践のための具体的提言がいくつもされていて大変参考になる。とくに「藤浩志の現場から」において、美術家の藤が二〇〇八年に始めた「此花アーツファーム構想」という地域活動の実践プログラムについて、帆足亜紀が（藤に取材した言葉を使いながら）「無意識をつくる」ことの重要性を指摘している点は興味深い。

また、常泉佑太・伊藤香織・高柳誠也「公共空間で行われるアートプロジェクトでの中間組織の役割」（『都市計画論文集』第五六巻第三号（二〇二一年一〇月））では、直接組織の継続性について論じているわけではないものの、TERATOTERA祭りにおいて二〇一八年に三鷹駅北口駅前広場でのアーティストの表現活動について一部市民から批判があった後も、継続できたのは中間組織としてのアーツカウンシル東京と、NPOである一般社団法人Ongoingという二つの「アーティストと行政の中間に位置する組織」があったからで、「アーティストの表現活動に責任を持つ体制が、継続的な公共空間利用を可能にしている」（669）と指摘している。中間組織は「アートと社会の両方への影響を考慮しながらアーティストの支援を行っている」（670）という表現からも、アートプロジェクトを継続させるための仕組みとして中間組織を捉えていることがわかる。

けれどもここでは、単体としてのアートプロジェクトやそれを運営する組織の存続だけではなく、アートによる共生社会の持続可能性を考えたい。その際にも「仕組み」の継続性が重要だが、それはアートプロジェクトを運営する組織の仕組みの継続性だけにとどまるものではない。それは一つには、当該の組織がうまく運営されており、アートプロジェクトを一つだけでなく複数成功させていたとしても、その組織が公的助成を受けることができる地域での活動に留まるからだ。たとえば前述のTERATOTERA祭りは、東京都歴史文化財団が東京都とアートNPOと組んで実施する東京アートポイント計画の一つだ。公式ウェブサイトによれば、東京アートポイント計画は二〇〇九年から五六団体と四五件のアートプロジェクトを行ってきた。それらのアートプロジェクトを通じて、「アートによる共生社会」についての考えかたの枠組みを関わる人びとに提供してきたはずだ。それでもそれらは、おもに東京都の助成金によって運営されている東京都歴史文化財団が管轄する、東京都という一地域でのことであって、全国規模で提供できるわけではない。

もちろん、公式ウェブサイトにおけるガイドラインの公開や小冊子の刊行によって、考えかたの枠組みのうちで、具体性のあるノウハウの部分は全国に広まっていくだろう。継続するためには検証・評価のプロセスが必要で、アーカイブを作るとよい、といった提言は全国各地のアートプロジェクトを運営する団体が大いに参考にするだろう。また、地域間でのファシリテーターの人的交流もあるから、ノウハウ以上のものも伝わる。沖縄、名古屋、大阪等の各地アーツカウンシル、岐阜県可児市文化創造センター、穂の国とよはし芸術劇場プラット、といった各地の拠点で働くファシリテーターは活発に交流し、あるいは異動することで、考えかたの枠組みを共有し、それを各地で関わる人びとに伝える。

だがそれもあくまでも組織を運営する側の人びとにとどまる。考えかたの枠組みは、もっと広い範囲で共有されなければならない。それはアートプロジェクトへの参加の度合いと関わってくる。そうしたアートプロジェクトを「鑑賞」する、あるいはワークショップに参加するだけでも、「これまであまり興味がなかったけれども、アートはいいものだ」「社会の片隅で生きている私のような人間を勇気づけてくれる」というような感想は生まれてくるし、そういった感想の輪が少しずつ大きくなっていくことが重要だ、としばしば言われる。だがそういう人たちが運営側に回り、アートによる共生社会の実現に力を尽くすようになることはなかなかない。

筆者たちのような演劇研究者から見ると、アートによる共生社会を実現するためのプロジェクトにもっとも適しているのは芝居作りだ。だが現実には初心者に芝居作りのノウハウを教える体験ワークショップの類は多く開催されてきたものの、一本の演劇作品を上演するようなプロジェクトはあまり多くない（数少ない例外に、北とぴあ演劇祭の出演が約束されている東京都北区の演劇塾や、ＮＡＧＯＹＡダイアモンズ公演のための名古屋演劇教室、穂の国とよはし芸術劇場ＰＬＡＴ主催「演劇をつくるワークショップ」等がある。これらとは別に、昨今全国各地でシニア向けの演劇教室が流行しており、これらでは作品上演を目指すことが多い）。芝居作りは相当長期間にわたり多くの人が関わる必要があるので、それだけ考えかたの枠組みが広く、深く共有されるが、それだけに「しんどい」思いを味わうことになる。ワークショップは参加者にとって「お手軽」でありつつ（ある程度）主体的に関わることができるので行政もハンドルしやすいということがあるのだろう。

だが演劇が実際にアートによる共生社会を実現するためのプロジェクトとして効果を持ち、かつ、行政からの助成金をほとんど受け取っていないために全国展開ができる実例がある。それが「現代版組踊」だ。次節以降では、うるま市ではじまり各地で行われている「現代版組踊」について詳しく説明し、「現代版組踊」のような民間主体の取り組みの可能性と限界について考えてみたい。

（日比野　啓）

2　「現代版組踊」とは何か

「現代版組踊」とは、二〇〇〇年に沖縄県うるま市（当時の勝連町）で初演された、中高生による歴史音楽劇『肝高の阿麻和利』に端を発する、あたらしい郷土劇の形である。『肝高の阿麻和利』は初演以来、総公演数三六一回のべ動員数二〇万六七五二人（二〇二四年八月現在）という、数ある市民劇の中でもひときわ大きな成功を収めた作品であり、その作品づくり、組織運営のノウハウは、沖縄県内のみならず、北は北海道まで、全国に散らばった一七の「現代版組踊」団体に移植、継承されている。

一地域の取り組みがなぜ全国化しているのか。それぞれの組織、作品にはどのような異同があるのか。まずはその出発点である『肝高の阿麻和利』の成立を振り返ろう。

『肝高の阿麻和利』の立ち上げは一九九九年。旧勝連町の教育長だった上江洲安吉《うえずあんきち》が、地元・勝連城の十代目城主阿麻和利の半生を組踊にして子供たちに演じさせたいと、自ら音頭をとり、教育委員会主催の社会教育事業として企画したのが始まりである。

阿麻和利は沖縄県内では、伝統芸能「組踊」の有名な演目『二童敵討』の仇敵として知られており、首里王府に弓を引いた逆賊として、長きに渡り「悪者」のイメージを背負ってきた人物だ。また、その居城であった勝連城（跡）は、二〇〇〇年に「琉球王国のグスク及び関連遺産群」のひとつとしてユネスコ世界遺産への登録を控えてはいたものの、観光地としてはそれほど知られていたわけではなかった。そもそも沖縄本島の東、太平洋側に位置する勝連町は、大規模なビーチリゾートを擁する西岸の恩納村などに比して観光拠点に欠ける側面があり、後に合併したうるま市内においても人口減少の顕著な地域とされている。そうした状況の中、上江洲は脚本を沖縄県教育庁に勤務する劇作家・嶋津与志に依頼し、第二尚氏の時代に編まれた歌集『おもろそうし』で讃えられているような、名君としての阿麻和利像を提示しようと考えた。そこには、阿麻和利像の刷新を機に、若い世代に少しでも地域への関心を植え着けたいという上江洲の願いが込められていた。

伝統の「組踊」を現代風の表現に置き換えた歌舞劇の演出を担ったのは、これも上江洲に請われた詩人、演出家の平田大一。地元・小浜島での援農プロジェクトや石垣島での中高生による朗読劇の作・演出、沖縄新歌舞団大太陽《うふてぃーだ》の演出を手がけてきた平田だが、ここで彼が担ったのは創作のイニシアティブだけでなく、子供たちの指導、地元の公立学校や父兄に配慮した稽古の進行、さらには送迎までを含む環境づくりだったという。

「夜の稽古の時には、僕もマイクロバスを運転し、参加する子供たちの送迎もしていました。また学校と対立することがないように『舞台は逃げないから。学校や部活動、習い事をきちんとやったうえで来なさい。それができたうえでの活動だから、スペシャルなんだ』としつこく言いました。そのうち長期欠席や、不登校の子が学校に戻るようなこともおきましたから、だんだんと先生の方が見学に来られるようになったんですけどね」（鈴木、二〇二〇：三二一―三二二）

琉球空手の型や地域芸能を取り入れた踊り、ポップス調の歌をふんだんに使った舞台はエンターテインメント性が高く、出演、演奏する子どもたち自身の熱意と技術を押し上げることにもつながった。当初集まった出演希望者は七人。だが、平田を中心とした運営側の努力、稽古が楽しいとの口コミを通じ、二〇〇〇年三月の本番には総勢一五〇人が、四二〇〇人の観客の前に立つに至った。

物語の舞台は一五世紀の半ば。勝連の浜に流れ着いた青年・加那は、望月按司（城主）による悪政に苦しみ、世直しを考える若者たちと出会う。彼らと共に立ち上がり、按司を追放した加那は「阿麻和利」と名乗り、新しい按司として勝連を繁栄に導くが、次第に首里王府の脅威とみなされるようになってしまう。終幕、王府の策謀により追い詰められた阿麻和利は、平和と豊かな未来への願いを、語り手である現代の子供たちを含む「肝高の子ら」に託して死んでいく――。

華やかな演出と子どもたちの奮闘により初演は成功。翌年には初演に参加した子どもたち自身の要望で継続が決定し、以後、市内のきむたかホールを拠点に、四半世紀近くにわたり定期公演を続けている。

活動の合言葉は「一生懸命はカッコいい」。稽古や本番を通じて子供たちは、役者として演奏者として、あるいはセクションごとのリーダー「きむたかキッズリーダーズ」や演出の手伝いなど、自分なりの居場所を見つけていく。と同時に、上演のたび、地域の歴史物語を体現し、内面化もする。「肝高」とは「心豊かで誇り高い」の意。『肝高の阿麻和利』は、上江洲の目論見通り（あるいはそれを大きく超え）、子供たちに自信をもたらし、地域を愛するシビック・プライドをも育てる取り組みとなった。

再演以後は保護者や賛同者からなる「あまわり浪漫の会」が公演を主催、自主財源での運営を行っており、ライブシアターを含む「あまわりパーク」の開業（二〇二一年）をはじめ「現代版組踊」をきっかけにした「阿麻和利ブランド」の積極利用が進むなど、地域の文化、産業にまでその影響は及んでいる。

二〇一〇年にサントリー地域文化賞を受賞した際のウェブサイトの紹介文は次のようにまとめられている。

感動の力が子どもたちを変え、周囲の大人たちにも影響を与えた。教育から始まった文化活動が大きなうねりとなり、地域おこしにまで発展しようとしている。

3　全国に展開する「現代版組踊」

「現代版組踊」を自分たちの地域でも上演したいという取り組みは初期からあり、二〇〇一年の『太陽（てぃーだ）の王子』（浦添市ゆいゆいキッズシアター）、『オヤケアカハチ〜太陽の乱』（二〇〇二年・石垣市やいま浪漫の会）など沖縄県内から始まり、県外へと拡大、「現代版組踊」団体は、現在一七を数える。その内訳は、沖縄だけで九つ、地域を定めずに活動を展開する二団体、他地域で活動する六団体となっている（図1）。また、二〇一三年には「現代版組踊推進協議会」が発足、相互交流や連携が図られるようになった。

「組踊」といっても、「現代版組踊」には、本来の首里方言を使った伝統の歌舞劇との直接の関係はない。したがって、県外で「現代版組踊」を作るにあたって、沖縄由来の要素を求める根拠はないし、求められない。また、「現代版組踊」のスタイルをつくりあげた始祖・平田大一や彼が創設した制作団体（一社）TAO Factoryとの関わりも多様で、平田自身が初演から継続して作・演出としてクリエイションを担っているものもあれば、阿麻和利卒業生の指導といった間接的な関与に止まるものもあり、数年の経験を経てほぼ自走している団体、作品も少なくない。

大阪狭山キジムナーの会（表現倶楽部うどぅい）は、沖縄県外では最初の「現代版組踊」の団体で、創設のきっかけは、二〇〇二年に大阪狭山市立第三中学校が修学旅行で沖縄を訪れたことに

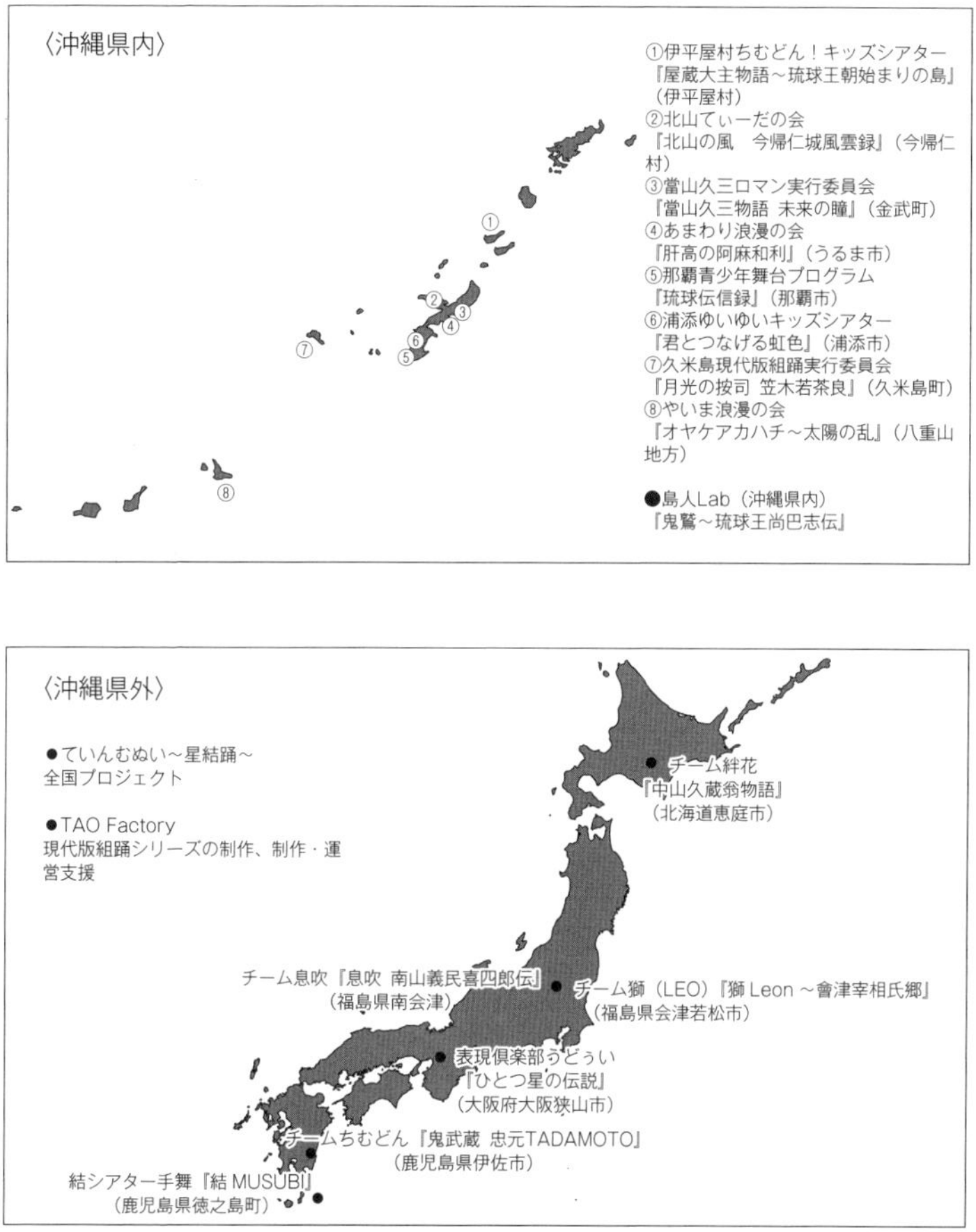

図1　現代版組踊推進協議会加盟17団体（筆者作成）

遡る。ここで始まったあまわり浪漫の会との交流が、一部の卒業生による創作エイサーのグループ「狭山人（さやまんちゅ）」の活動につながり、やがて彼らを支援するための「大阪狭山キジムナーの会」が立ち上がった。「表現倶楽部うどぅい」は、二〇〇六年に同会のコーディネートで、公民館の青少年セミナーとしてスタートした中高生の舞台表現ワークショップで、年度ごとに新しいメンバーを募集し、年一回の舞台公演を大阪狭山市の主催で行っている。

二〇〇七年の『颪の声がきこえる』（イエロー美和作・演出）以来、地元の史跡・狭山池を題材にした作品を創作、発表しており、筆者が訪れた二〇二一年度の公演では、『肝高の阿麻和利』の卒業生の比屋根秀斗が作・演出、うどぅい一期生の石井晃樹が音楽を手がける『命水の器』が初演された。同作は、日本最古のダム式溜池・狭山池の千四百年以上にわたる歴史（重源による改修／狭山藩の誕生／龍神伝説）を現代の少女たちがタイムスリップしながら学んでいくというもの。現代の子供たちが案内役となって歴史的題材を紐解く劇構造こそ平田作品と共通しているものの、特定の人物や出来事に焦点をあてたドラマではなく、子供たち自身がさまざまな時代を旅し、見聞を広めるプロセスを主軸にしている点で『肝高の阿麻和利』とは趣を違えていた。

なお、同会は、うどぅいのスタッフ、ダンサーとバンドチームが結成したパフォーマンスチーム「ＵＴＨ」に加え、若者発信の地域活性化を掲げて活動する卒業生のグループ「さやま未来プランナー」のサポートも併行して行っている。「さやま未来プランナー」は、公共施設の案内板デザインやイベント企画などを手がけ、二〇二三年からは大阪狭山市の特命大使も委嘱されており、うどぅいの舞台のみで終わるのではない人材育成の広がりを感じさせる。

同じ人材育成を目的に掲げてはいても、学校や行政との連携を基盤にする大阪狭山キジムナーの会に対し、福島県南会津地方の「チーム息吹」は、地域経済の活性化を念頭においた企画の色合いが濃い。運営を担うのは、もともと観光事業、教育旅行のコーディネートなどを手掛けていたプロデューサー、下村一裕が率いる「カズ・ドリームプロジェクト」。下村が現代版組踊に携わるようになったきっかけは二〇〇八年に行われた体験型観光振興のためのイベント「全国ほんもの体験フォーラムin沖縄」での平田の講演だった。だが、その時印象に残ったのは現代版組踊ではなく小浜島での援農塾や音楽祭の話で、何もない場所をどう演出するかという視点の持ち方だったという。その後、二度にわたって平田を南会津に招いて講演会を開催するうち、周囲で「南会津でも何かやりたい」という機運が高まり、二〇〇九年に子供たちを集め、地元の祭りへの出演を経て『阿麻和利』や同じく現代版組踊の『翔べ！尚巴志』南城市公演に特別出演、二〇一〇年一二月に『息吹　南山義民喜四郎伝』を初演した。

物語の題材は、現在の南会津から大沼郡、河沼郡にかけてあった幕府の直轄地で起こった百姓一揆「南山御蔵入騒動」（一七二二）。首謀者の一人小栗山《こぐりやま》喜四郎を主人公に、「六義民」とされる指導者たちの蜂起から処刑までの顛末を描く歴史ドラマである。この作品は平田大一の作・演出で初演された後、『肝高の阿麻和利』の卒業生で俳優の佐久本宝と下村が手がけた改訂版「戊辰バージョン」で上演を重ねている。語り手を平田版の俳人・松尾芭蕉から会津戦争の戦士で後の教育者の山本八重に変え、会津藩最後の藩主・松平容保が南山義民の物語に触発され、民と地域の未来のため、あえて会津戦争の敗北を選ぶ――という改訂版の筋書きからは、地域の歴史を日本の現在につなげようとする強い意志とプライドが感じられる。

息吹の活動に参加するのは、『肝高の阿麻和利』より広い小学生から高校生まで。さらに舞台では、南会津と近隣の地域から集まった息吹メンバーだけでなく、同じく下村がプロデュースに関わった沖縄の「チーム鬼鷲」、鹿児島の「チームちむどん」、後述する北海道の「チーム絆花」のメンバーも参加し、時には主要な役を演じる（逆に各地の「現代版組踊」上演に息吹のメンバーが送り込まれることもある）。幅広い年代、地域間での交流を通じた切磋琢磨を促す背景には、過疎地を含む地元の未来を考える下村ならではの人材育成のビジョンがある。

「誰かに役を奪われて悔しい思いをするのも大事な経験です。過疎地の小学校には一クラスが七人の学年もあり、そのまま六年生まで一緒。競争もないし世界も狭い。この交流を通じて、住む地域、文化によっても人の考え方は違うと学んでほしい」（鈴木、二〇二〇：三六―三八）

県内でも比較的広い地域から集まる参加者たちの稽古はもちろん、沖縄、鹿児島など県外への遠征、交流をもサポートし続けることは、運営にとっても、手伝う保護者たちにとっても容易なことではないだろう。だが、初演から四カ月後の東日本大震災、そして近年のコロナ禍を乗り越え、二〇二四年三月には神戸で、八月にはうるま市のきむたかホールでの出張公演を成功させている。また、二〇二一年には息吹からの派生というかたちで、会津若松市を中心に活動する「チーム獅（レオ）」があらたに始動し『獅 Leon ～會津宰相氏郷』の上演を開始している。

「現代版組踊推進協議会」に加盟する団体の中には、現在、下村が創設や運営に関係したグループが五つあるが、北海道のチーム絆花もその一つである。二〇一一年に恵庭市の青年会議所の40周年記念事業「えにわ夢ダイナミック」として出発し、後に改名、二〇一五年以後はあらたに設立された一般社団法人未来工房により運営されている。未来工房の代表・山口龍二は地元・恵庭市内にある食品会社の経営者であり、地域おこしの一環として恵庭にも「現代版組踊」のグループを作ろうと動き始めたところでチーム息吹の下村と出会い、そのサポートを受けながら舞台づくりのための体制を築き『北海道歴史舞台 中山久蔵翁物語』の初演に漕ぎ着けた。

明治維新後、北海道に入植し、寒冷地での稲作を成功させた中山久蔵の労苦と奉仕を描く『中山久蔵翁物語』は、下村原作によるもの。仙台藩士・片倉英馬の下僕であった中山が、戊辰戦争の敗北を経て、北海道の開拓に取り組み、稲作を通じて、近代国家としての「日本」の形成に貢献した――というストーリーは、前述した『息吹 南山義民喜四郎伝』の戊辰バージョンの筋立てとも重なるものだ。現在は、未来工房の代表、山口龍二の演出のもと、改訂を加えつつ、小学生から高校生まで三十人あまりのメンバーで上演を続けている。

二〇二四年三月に行われた公演では、開演前に山口が挨拶し、「地域を担う、すなわち日本を支える人材育成が急務」とチームの使命を強調。会場整理は他の現代版組踊同様に保護者が担っていたが、物産コーナーの展開、パンフレットの協賛広告などに地元の企業、団体からのサポートの厚さがうかがえたのも印象的だった。

こうして見てくると、同じ「現代版組踊」を名乗っていても、とりあげる時代や題材、その描き方から参加対象の学齢、運営母体や資金源に至るまで、それぞれの団体がそれぞれのやり方で「現代版組踊」に取り組んでいることがわかる。また、創始者である平田やあまわり浪漫の会の関わりも間接的、限定的なものに止まっていることが多い。「現代版組踊推進協議会」のウェブサイトにおいても、「舞台づくりを通し、子ども達の感動体験と居場所づくり、ふるさと再発見・子どもと大人が参画する地域おこしを行う」という理念は紹介されているものの、「現代版組踊」の形式や内容について触れる文言は見つからない。

もちろん「現代版組踊」を名乗る以上、そこには緩やかな（だが確かな）共通認識も浮かび上がってくる。最もわかりやすいのは、地域の歴史を題材にした物語を舞踊と音楽、台詞で構成した舞台だということだろう。さらにそこではたびたび、地域の芸能との接点が示される。阿麻和利なら平安土のてんてんぶいぶい、浜のチョンダラー、平敷屋のエイサー、息吹なら舘岩《たていわ》の盆踊り、絆花の場合は民謡や恵庭岳太鼓保存会、千歳アイヌ文化伝承保存会の賛助出演がこれにあたる。参加する子どもたちは、歌や踊り、芝居を通じて、地域の物語や文化を体験し、現在に生きる自分たちの暮らしの中に位置づけることができる。『肝高の阿麻和利』の場合、引用される郷土芸能は部分的かつ現代的な味付けを加えたものだが、それを体験した後に地域の青年会に入った卒業生がその復興、保存に取り組むといった例もあったという（鈴木 二〇二〇：三二一―三二二）。

そしてもうひとつ特色として挙げられるのは、舞台の完成度へのこだわりだ。地域や組織の構成により、多少の違いはあるが、「現代版組踊」では、音響、照明などのプラン、スタッフワークはプロが担うことが通常である。振付や演技の指導は、子どもたち自身が役割ごとの縦割りチーム内で行い、演技に関わるプランもほぼ子どもの自主性に任されている。一方で、その成果は美術や音響、照明など、プロが関わるエンターテインメント性の高い舞台でこそより輝く――という認識が、「現代版組踊」の舞台には一貫してあり、どの作品においても商業演劇にも近い本格的なスタッフワークが見られ、いわゆる発表会とは違った特別な場を演出している。

また、参加する子どもたちの保護者や賛同者からなる大人たちが事務局運営、制作業務の多くを担っていることも、「現代版組踊」には欠かせない要素だ。受付、会場整理、物販など、揃いのTシャツで働く大人の姿はどの公演会場でも見られるし、稽古中の子供たちの送迎や食事、あるいは地方遠征の準備やアテンドも、事務局の大人が担っており、その仕事内容、量は、習い事のサポートの範疇に収まるものではない。子どもたちが稽古から本番まで充実した体験を重ねるためには、まず安定した運営、公演制作が行われる必要がある。だがそれには、公演ごと、あるいは年度ごとの公的助成を前提にした体制はそぐわないだろう。かつて『肝高の阿麻和利』が自主財源による運営に移行したように、現代版組踊の団体の多くは自主財源を主として活動しており、そのことによる緊張感も大人の活動を組織するうえでプラスに働いていると思われる。

平田大一は、大人と子どものこうした関わりを「肩車の法則」と呼び、その先にある「感動体験」を重ねることに、地域活性への可能性を見出している。


子どもと大人で成し遂げる島おこしマチおこし、地域活性化の方程式。

僕はこれを「肩車の法則」と名づけた。

肩車された子どもの目線は大人より高いところにくる。

（中略）子供には見えていて、大人には見えてないモノがあるのかもしれない、と僕は思ったのだ。

大人の既成概念では見えていない新しい発想でのアイデアが、肩車した子どもたちからたくさん生まれてくるのではないか。

（中略）その子どもたちのアイデアを大人が支え、サポートし、応援していくことで、いまだかつてない「マチおこし」ができるのではないだろうか。


（平田、二〇〇八：一八二―一八三）

肩車は子供に日常ではみることのできない体験をさせると同時に、大人にも「わが子の応援」

という以上の役割を担う意義を実感させる。「現代版組踊」を上演する地域は、そのほとんどが、大都市から離れた場所であり、都市部への人口流出、産業の衰退に直面している。したがって、そこでの「感動体験」は、子供たちと親世代の結びつきをはじめとするコミュニティの強化をもたらし、さらに舞台上で語られる郷土の歴史の継承、地域社会の課題への意識を高める効果を期待されてもいる。翻っていえば、地域の歴史や芸能に親しみ、地域活性化という課題にもコミットしているというやりがいを得るためにも、舞台の完成度や公演の成果は確かでなければいけない。「なんとなくいいもの」としてのアートは、このようにして社会的な機能のひとつとなる。

4　「あたらしい祭り」が示すもの

社会の課題を語り、観る人に内省や分析、行動を促すような舞台作りはこれまでにも数多存在した。公共ホール、公共劇場などで、教育普及として企画される演劇も、多くの人々にとって、新しい価値観を提供する場となっている。だが、そうした場の多くは、ある程度の専門的な知識や経験を前提に作られており、参加者や観客の役割も固定されている。実際、地域の市民演劇の多くは、演劇人やなんらかのかたちで「演劇」を学んだ人のイニシアティブのもとで作られ、出演者はその指導を受けて舞台に立ち、観客はそれを鑑賞するというスタイルが一般的となっている。

対して、全国各地に展開する「現代版組踊」では、「演劇」とは無縁の人材や組織が創設者となっていることが多い。初期の作品創作や技術的な指導には、平田が創設したTAO Factoryの支援もあるが、それもいわゆる「演劇」に知悉した、というよりは「現代版組踊」に特化した専門性の提供と捉えられる。息吹や絆花のように、創設者や運営を担うプロデューサーが自らのセンスを駆使して演出や脚本に手を加え、工夫を凝らすこと珍しくはないし、表現倶楽部うどぅいのように、その役割をOBが担う場合もある。また、出演者であっても部門ごとのリーダーとして、演出や技術スタッフとの間の調整役を任される機会があることも、子どもたちのモチベーションとなっている。

さらに、「現代版組踊」の場合、どんなに優れた演技、演奏を披露していても、チームリーダーとしての活躍が目覚ましくても、(小)中高生は必ず卒業し、世代交代が図られる。と同時に卒業したメンバーは、指導者や運営者など、これまでとは違う形でプロジェクトに参加するチャンスを得る。出演者には年齢制限があるが、それ以外のサポートする大人の役割に参加資格はない。世代により指導者や運営者など、異なる立場、役割で参画する機会を得られることも、地域に根差すアートプロジェクトとしての強みの一つといえる。

こうした特色を踏まえると、全国に広がる「現代版組踊」は、市民による演劇活動というよりは、現代に生まれた「あたらしい郷土芸能」「あたらしい祭り」として捉える方が自然かもしれない。郷土芸能や祭りは、決まったペースで継続されることを前提にしており、行われている内容は毎回同様である。「現代版組踊」でも複数の演目を持っている集団もあるものの、ほとんどが同じ演目を繰り返しており、中心的な担い手が変わっても継続することができている。また、芸能や祭りへの参加にあたっては、専門知識や技能は問われない。重要なのはそれが行われているコミュニティへの参加の意思であり、それを実現するための入り口（役割）は、複数用意されている。

このように、祭りとしての「現代版組踊」を考える時、思い出されるのは高知県の「よさこい祭り」から始まり、北海道・札幌の「ＹＯＳＡＫＯＩソーラン」を経て、全国的な広がりを見せている「よさこい」ブームである。複数の、多い時は百人を超える踊り手が、音楽と地方《じかた》によるマイクパフォーマンスのもと一糸乱れぬ演舞を見せる「よさこい」は、振付や衣装、楽曲のスタイルに共通した様式が見られる一方で、大きなイベントやコンテストでの規定は、たとえばＹＯＳＡＫＯＩソーランなら「手に鳴子を持って踊ること」「曲にソーラン節のフレーズを入れること」のみであり、相当の自由度が残されている。もちろん、コンテストなどを通じて強豪チームの演技に触れる機会は多く、このジャンルの理想形、完成のビジョンは、多くの参加者に共有されているし、日々の稽古では、どのチームでも多かれ少なかれ、そこに向かった努力を重ねている。ただ、「現代版組踊」がそうであるように、そのビジョンは、第一に参加者本意の、達成感を得るためものであって、「舞踊」や「身体表現」の観点から批評されることを前提にはしていない。

「あたらしい祭り」に見られるこうした志向、仕組みは、従来のアートに関わる者の立場から見れば、どこかゆるいものにも見えるだろう。だが、その「ゆるさ」こそが、今、多くの人々、地域を巻き込む力を発揮していることは否定できない。

「アートによる共生社会はいいものだし、自分もその一部になりたい、そのために何らかの努力をしたい、と受け取る人に思わせ、実際に行動を促す」のがアートプロジェクトの目標だとするなら、これらの「あたらしい祭り」から学べることは決して少なくないはずだ。

著書『キムタカ！ 舞台が元気を運んでくる 感動体験夢舞台』の中で、平田大一は、「現代版組踊」を発端にした人材育成を未来の沖縄振興につなげるビジョンを語りつつ、沖縄に限らない地方の疲弊にも触れ、次のように説く（傍点は筆者）。


あなたの地域にも必ずある。

誇りを持てる宝が。

人々が培ってきた伝統が。

土地の力が。

途絶えかかっている芸能が。

何もなければ幻を創ればいい。どこにでもあるものでも、光の当たる向きを変えれば美しく見える。


（中略）

必要なのは強い意志と情熱だけだ。専門的な技術や技は必要ない。たとえカタチは歪んでも、この手で生み出した「感動」だけは裏切らない。

（平田、二〇〇八：二四八―二四九）

日常生活の中に隠されたあらたな視点を掘り起こし提示する「アート」は、時に現在の社会、文化との摩擦を起こすことをよしとする。また、「アート」である以上、形式への意識が問われることをも免れない。だが「アートによる共生社会」を考える際の「アート」は、そうした啓蒙的、美学的な視点とは距離を置いたところで、たとえカタチは歪んでも、人々の生活空間に自然に息づきながら、その表現を後押しし、解放することで、あらたな社会活動を促すものとなっている。そのありよう、役割と効果とに向き合うこと抜きに、今、「アート」と社会を結びつけ、その展望を語ることは難しい。

（鈴木理映子）

参考文献

平田大一（二〇〇八）『キムタカ！　舞台が元気を運んでくる　感動体験夢舞台』アスペクト
鈴木理映子（二〇二〇）「新しい祭りが地域を活気づける」『地域人』第五七号、大正大学地域構想研究所
サントリー文化財団　受賞者一覧　二〇二四年一〇月四日閲覧 https://www.suntory.co.jp/sfnd/prize_cca/detail/2010ko1.html

※本論文は、二〇二三・二〇二四年度成蹊大学研究助成「21世紀の沖縄演劇：「日本演劇史」の書き直しのために」（研究代表者：日比野啓）の助成を受けた。

第九章　アーティストのコミュニティで働く
——立川の石田倉庫——

バーナビー・ラルフ
大友彩子　訳

1　はじめに

私たちはファストファッションなど大量生産、安価な輸入品に囲まれた時代に生きている。かつてそれらは、安価であっても低品質の製品とみなされてきた。しかし、生産技術が進み、大量生産により作られたものの品質は飛躍的に向上した。このような大量消費社会において、大量生産ができない工芸品や楽器などを含む芸術作品の社会的存在価値とはいかなるものかを再考したい。

二〇世紀前半、フランクフルト学派の哲学者のひとりであったヴァルター・ベンヤミンは、彼の一九三六年の論考となる『複製技術時代の芸術作品』の中で、「モノ」の意味に対する考え方の変化についての見解を示した。ベンヤミンは、個々の芸術作品が特有の「アウラ」を備えており、これは再現することはできないと主張している。個々の芸術作品がいかにユニークであるかということである。先に述べた現代の大量消費社会において生産されるようになった製品が、一つ一つ職人などによって手作りされた場合にも同様の現象が起きると考えられる。たとえば、職人が百本のスプーンを彫ったとしても、完全に同じものは二つとない。個々のスプーンには「アウラ」がある。しかし、機械がそれを行えば、完全な再現性は可能になるが、スプーン一本一本の「アウラ」は失われてしまう。

大量消費社会である現代でも、日常を超越したアートを創造できるアーティストには、大量生産品にはない人々を興奮させるものを作る可能性がある。先のベンヤミンの主張が有効と考えることができるのではないか。そのようなアーティストがコミュニティーを形成し、互いに支え合うことができれば、同じ志を持つ人々と仕事をすることで得られるメリットもある。このようなアーティスト集団は世界中に数多く存在するが、伝統的に熟練した職人を大切にし、崇拝さえしてきた日本では特に多く見られる。この章では、そんなコミュニティの例をひとつ紹介する。

2　石田倉庫とインタビューについて

コミュニティで活動するアーティストのアイディアを探るため、私は自分自身が工房を構える立川市の石田倉庫に在籍するアーティストたちに注目した。

石田倉庫は、ＪＲ東日本の中央線沿線にある立川駅と西立川駅の中間という好立地に位置している。第二次世界大戦中、小麦粉の貯蔵庫としてスタートしたようだ。その後、住宅と商業施設を複合した施設に改築された。現在、工房の隣には団地がある。私が十年前ここに工房を構えたとき、石田さんはこの施設のアーティスト・スペースで働く人たちが必要な空間と騒音が発生した際にも周囲に影響が少ないように配慮していると話してくれた。そのため、重機や大音量の電動工具を使う作業場は、近隣の住民の迷惑にならないように離れた場所にある。歴史についての詳細は不明である。一九九一年から石田倉庫の工房に在籍しているアーティストの一人である伊藤さんによると、彼以前にも他のアーティストがいたと記憶しているそうだ。現在は十三人のアーティストがいるが、過去には二〇人もいたという。

コロナ禍の影響が緩和した二〇二四年一〇月一九日と二〇日、毎年恒例の石田倉庫で開催されるイベントである「石田倉庫のアートな二日間」が再開された。物販や屋台、音楽グループによる演奏などが行われ、地元の観光客だけでなく、遠方からも千人以上の人々がアーティストの作品の鑑賞のために訪れた。過去には五千人もの来場者があり、コミュニティ・ワークショップも開催されたが、五年間の中断はその勢いの多くが失われたことを意味する。以前のような来場者数と活動レベルを取り戻すには数年かかるかもしれないが、メンバーは皆、そのために協力することを望んでいる。

ここでは画家、ジュエリー作家、インテリア・デザイナー、陶芸家など、さまざまなジャンルのアーティストが活動している。本章では、私自身を含めた五名のアーティストに九つの質問を投げかけ、その回答を編集せずに掲載した。私の質問は以下である。

（1）自己紹介をお願いします。
（2）どのような芸術をなさるのですか？
（3）アーティストとしてのクリエイティブなビジョンは？
（4）なぜアートを作るのですか？個人的な理由ですか？ビジネスとして？他の理由？
（5）石田倉庫に来たのはいつですか？どのようにして知りましたか？
（6）アーティストとして石田倉庫で働くことについてどう思いますか？
（7）アーティストのコミュニティに参加するメリットはありますか？一人で活動する方がいいのでしょうか？
（8）立川では地元の人々と交流がありますか？ある場合はどのように？
（9）自分の作品には社会的価値があると思いますか？アートやアーティストは社会から評価され、尊敬されていると思いますか？

本章の取材対象者は、コラボレーション・クリエイターの塩川岳、リーフ・ペインターの群馬直美、インテリア・デザイナーの伊藤卓義、画家のtonoharuna、そしてギター製作者の私の五人である。全員が石田倉庫と数年にわたるつながりを持っている。アトリエで過ごした時間を振り返ってみると、それぞれに共通する点がいくつかある。一つ目は、私たちのコミュニティは特別で貴重なものだと考えていること。群馬さんは、私たちの関係には家族のような側面があると指摘し、伊東さんは、この集団の気さくさがプラスになっているという。ここでは回答を要約するよりも、各アーティストにそれぞれのやり方で語ってもらうのが一番だと思う。このような回答を集め、各メンバーの考えを読み解くことで、彼らの人生や目的、コミュニティ内での位置づけが徐々に見えてくることを期待している。

3　インタビュー

◎塩川　岳

（1）自己紹介をお願いします。

塩川岳／Shiokawa Takeshi
アートコミュニケーション YATTEMIRU 主催

（2）どのような芸術をなさるのですか？

美術館やアートセンターなど、文化施設におけるワークショップをベースとした協同性のあるダイナミックな体験型・参加型アートプログラムをはじめ、小学校や大学などの教育機関へのアウ

トリーチや、福祉施設におけるコミュニケーションプログラムなど、幅広いフィールドで活動を展開しています。

（3）アーティストとしてのクリエイティブなビジョンは？

アートにはやさしく人や社会をつなぐ力があります。地域・学校・世代・立場・性別・障害の有無など、関係性をアートによって見つめなおし、アートを通して社会とつながることを目指しています。

（4）なぜアートを作るのですか？個人的な理由ですか？ビジネスとして？他の理由？

アートに関わるほんの一握りの人たちだけではなく、社会で生きるたくさんの人たちとオリジナルのアートプログラムを通じて「場所と時間」を共有したいと考えています。

（5）石田倉庫に来たのはいつですか？どのようにして知りましたか？

二〇年ほど前。広いアトリエを探していた時に、前のアトリエの関係者より紹介がありました。

（6）アーティストとして石田倉庫で働くことについてどう思いますか？

それぞれ表現方法は違うが、同じ環境で過ごす仲間がいることで、刺激しあったり情報交換することができ有意義です。

（7）アーティストのコミュニティに参加するメリットはありますか？一人で活動する方がいいのでしょうか？

さまざまな専門のクリエイターがいるので、自分の専門外の素材や技法のアドバイスをもらったり、協働したりする機会もあります。

（8）立川では地元の人々と交流がありますか？ある場合はどのように？

立川市の小学校や大学などの教育機関、企業・行政などとの交流があります。市民を対象にしたアートプロジェクトや情報交換などさまざまです。

（9）自分の作品には社会的価値があると思いますか？アートやアーティストは社会から評価され、尊敬されていると思いますか？

小学校、大学などの教育機関、また、企業やNPOとの協働・コラボレーションは、外部人材による組織の活性化、創造性の必要性の共通理解や社会への発信という点でも社会的価値があると考えます。

＊　＊　＊　＊

◎群馬直美

（1）自己紹介をお願いします。

群馬直美 Naomi Gumma　葉画家（ようがか）

一九五九年群馬県高崎市生まれ。

一九八二年東京造形大学絵画科卒業。在学中に、新緑の輝きの美しさ、その生命力に深く癒された経験から〝葉っぱ〟をテーマとする創作活動に入る。

一九九一年緻密に描きこめるテンペラと出会い、自身の足元の身近な葉っぱを見たままありのまま、原寸大で描く現在の画風に至る。

二〇一九年『神の仕業―下仁田ネギの一生―』の六枚組の作品で、RHS London Botanical Art and Photography Show に出品し、ゴールドメダル及び Best Botanical Art Exhibit（最高賞）受

賞。

著書に、『木の葉の美術館』『木の実の宝石箱』『街路樹　葉っぱの詩』『群馬直美の木の葉と木の実の美術館』（世界文化社刊）、『言の葉　葉っぱ暦』（けやき出版）、『葉っぱ描命』（燦葉出版社）他。

また、絵画制作と並行して、身体表現活動も追求している。

（2）どのような芸術をなさるのですか？

葉画家（ようがか）と自らを名乗り、葉っぱの絵を描き続けている。

美大の学生だった頃に制作した『世界で一番美しいもの』という作品を、隣家の子供に怖がられて泣かれショックを受け、自己の感覚を疑う日々に突入。何かを感じると「本当にそうなのか？」という心の声が響き何も創れなくなった。三ヶ月後、そんな状況から救い出してくれたのが、早春の陽光の中で枯れ枝に芽吹いた新緑の輝きの美しさとその生命力だった。「その葉っぱの美しさを見た時『本当にそうなのか？』という心の声は一切起きませんでした。あぁ、これが本当に美しいと思えるものなんだ。今味わったこの感覚を、この美しさをみんなに届けたい」

と、その日から葉っぱをテーマに創作をはじめ、四二年になる。

当初、どのように表現したらいいのか分からず、暗中模索の一〇年間で心の内に根付いた言葉――この世の中のひとつひとつのものは全て同じ価値があり光輝く存在である――を『葉っぱの精神』と名づけ、一枚の葉、一粒のドングリ、萎れた花、冬芽…など、自身の足元にある身近な自然物を、三十数年、『原寸大で見たままありのままに』描き続けている。虫に喰われた葉の小さな虫の歯形に目を凝らし、その微妙な変色に固唾を飲み、「どうやって描いたらいいのだろう?」と悩み、その答えはいつも『見たままに描く』。とても原始的だけど、それしかない。葉っぱの縁のギザギザは、何となくこんな感じ、というのではなく、きちんと数を数えてギザギザの形を一つ一つ訪ね歩き、『見て描く』。こうして克明に忠実に描き上げた絵には必ず完成した日付、いつどこで採集したのか、あるいは誰にいつもらったのかなどの覚書が書き込まれている。私が描かなかったら、表舞台に出ることもなく消えていった葉っぱたち。一枚の葉っぱの存在証明、そしてそれは私自身の存在の証、のような気がする。

(3)アーティストとしてのクリエイティブなビジョンは?

四二年前に悩みの淵に立たされていた私をいとも簡単に救い出してくれた葉っぱのあの美しさ、

生命力は何だったのか。また、葉っぱを描き続ける中で強く感じた植物の持つ「前向きさ」が、どこから来るのか、「信じられる何かが」脈々と受け継がれていく植物に対して、人間である自分たちはどうしてそこから外れてしまうのか。植物、特に葉の生命力には人間を善道に導く力があるように思う。描くことで、自分自身を含め、すべてのものが善道に導かれることを目指している。

(4) なぜアートを作るのですか？個人的な理由ですか？ビジネスとして？他の理由？

右に同じ。

(5) 石田倉庫に来たのはいつですか？どのようにして知りましたか？

四一年前に石田倉庫に来た。美大の後輩が石田倉庫 No.3の二階をアトリエとして借りていて、一緒に借りないかと誘われた。ちょうど大きな作品を創る仕事があったので、一ヶ月間だけのつもりで間借りして制作をした。最初は階段の踊り場で制作をし、徐々に奥に侵入して、ひと月後、その展示の仕事は幻に終わったけれど、私は石田倉庫アトリエで今後も制作しようと思った。石田倉庫アトリエは、私がイメージしたものを自由に具現化させてくれる時空を持っていると感じたから。

（6）アーティストとして石田倉庫で働くことについてどう思いますか？

石田倉庫アトリエは共同アトリエなので、自身の方向性が固まったり世の中の人たちに自分の作品が知れ渡るようになったら、次の環境に移行するような仮の場所と考えていた。しかし、このアトリエで葉っぱ暗中模索時代を乗り切り、テンペラで原寸大でありのまま見たままに身近な葉っぱを描きはじめ、アトリエのメンバーの取ってきた仕事の手伝いなどしながら収入を得て、葉っぱの絵を描き続けた。一枚の葉っぱの奥の奥まで描きたいと相談して「だったらテンペラがいいよ」と導いてくれたのも、このアトリエメンバーの一人だった。そして、一九九四年に葉っぱの絵の個展を世田谷のけやき美術館で開催したのをきっかけに、アート&エッセイ集『木の葉の美術館』（世界文化社）の出版に至り、日本全国の人たちに私の描く葉っぱの絵が知れ渡るようになった。テレビや雑誌などのマスコミの取材も多々あり、ファンレターも届くようになった。あまりにもちやほやされてなんだか浮き足立っている自分がいた。その時、夏は暑くコップの水もお湯に変わり、冬はバケツの水が凍りつき、そして雨漏りもする決して快適とは言えない石田倉庫アトリエが、地に足の着いた私自身の居場所と思えた。石田倉庫アトリエは地球の息吹、人の息吹、また自分自身の身体の息吹を否応なく感じさせてくれる。私や葉っぱはもちろん、大勢の命を持った身体が集う場所。アトリエメンバーやアトリエの大家さんたちとは、血は繋がっていないけど家族のように思える。

（７）アーティストのコミュニティに参加するメリットはありますか？一人で活動する方がいいのでしょうか？

石田倉庫アトリエは複数のアーティスト、また大家さんファミリーなどの接触があるが、基本的に個々の制作現場です。昔は、あまり何も語り合いはしなかったけれど、それぞれの息遣いや制作する上での葛藤、苦しみなど肌で感じると、私も頑張ろうと、パワーをいただく。また、今回のバーナビーさんからのオファーのように、予想だにしない世界に導かれたりする。基本的に私の仕事は一人でやることなので、ここに居るだけでさまざまな人たちと関われることは素晴らしい。私の知らないことを見聞きし、創作や人生の糧になる。この世に生まれて生きるとは何なのか、を学ばせてもらっているような気がする。

（８）立川では地元の人々と交流がありますか？ある場合はどのように？

同じ敷地内に居る大家さんファミリー、ご近所の方々、また、作品を見た人たち。二〇年くらい前から開催しはじめた年に一度のオープンアトリエ「石田倉庫のアートな二日間」で、地域の人たち、石田ファミリー、アトリエメンバーとの交流が深まった。

また、アトリエ近くの国営昭和記念公園では、緑の文化ゾーン基本計画委員、そして花みどり文化センターでの個展も十数年余り開催。近隣の国立市の今はなきカフェギャラリーひょうたん島、国分寺市のアグレアブルミュゼ、最近では国立市の暮らしのアートギャラリーもえぎ、立川市のアーティスティックスタジオLaLaLaでも、展示を企画していただいたり、アトリエ展に訪れた人たちが、その後様々な形で、葉っぱの絵の展覧会をお手伝いをしてくれたり……。感謝に絶えない。

以下に、二〇一四年に私がアトリエ展の代表になった時に書いた文章を添付します。石田倉庫アトリエのこと、初代の大家さん・石田隆一（いしだ　たかいち／石田高章さんのお父上）のことを書いていています。この年、石田隆一氏が亡くなられたので、記憶に留めたいと思い、書いて冊子にし、アトリエ展来場者に無料で配布しました。

オープンアトリエ2014
十二月六日（土）・七日（日）一〇時〜一七時
石田倉庫のアートな二日間
てのしなしな

「手品をするおじいさん」

「東京オリンピックの年には、すでにあった」とも、「昔、小麦粉倉庫だった」とも、人は言う。ここが、我らのアトリエ、石田倉庫だ。

石田倉庫は、一本の樹みたいだ。ふさふさ茂る木の葉みたいに、いろんな能力に長けた人たちが、大勢、集まっている。

ある日、木とり山上さんがひらめいた。アトリエ中を小鳥のように飛び回り、みんなに呼びかけた。

「アトリエ展をしよう」。

こうして、「石田倉庫のアートな二日間」がはじまり、今年で一〇年を迎えた。

アトリエ展には、大家さんである石田さん一家も参加して、大いに盛り上げてくださった。この四月に他界された石田隆一会長（石田倉庫をアトリエとして貸しはじめた人物。創始者）も、いつも楽しい手品を披露してくれた。種が丸見えの手品に、大人も子どもも、大喜びだった。

石田会長は、母屋の外に並べたテーブルで、よく、手品の種を仕込んでいた。

「老人ホームのお年寄りたちに見せると、とても喜ぶ」

と、自身も充分老人なのに、ニコニコしながら準備していたのを思い出す。

バス通りに面したマンションは、その昔、木造二階建ての洋館づくりのアパートだった。四畳半をたくさん寄せ集めたつくりで、西側部分は運送会社の事務所になっていた。入口には大きなスズカケノキ。その木の下に、アトリエ唯一の水汲み場があった。

私は毎日そこで絵筆を洗いながら、会長さんが身寄りのないおばあさんを母屋の離れに住まわせたり、父親を亡くしひとりぼっちになってしまった居住者の、知的障がいを持つ娘さんのために、小さな家を建てて住まわせてあげたりする様子を垣間見て、

「なんてエライ人なんだろう」

と胸を熱くした。

随分と家賃を滞納したアトリエ住人もいた。そんな時でも、

「毎月こつこつと返してくれているからね」

と笑いながら語っていた。

私が葉っぱを描いていると知ると、旅行で訪れた世界各国の葉っぱをお土産に持ってきてくれた。

極めつけは、私のかなりアブノーマルな即興ダンスに感動し、「富士見町の文化祭で踊らないか」と声を掛けてきたこと。地元の人たちが大勢集まる会場で、思う存分のたうち回りながら踊ったら、とても嬉しそうだった。

このように、訳の分からないものも受け入れる許容範囲の広い人だったからこそ、石田倉庫アトリエは誕生し、三〇年以上も在り続けているのかもしれない。

そういえば、NHK総合テレビで石田倉庫アトリエから全国へ生放送をしたとき、

「なぜ、アトリエとして安く貸しているのか?」

との問いに、

「夢まで奪ったら、かわいそうだからね」

と石田会長は即答していた。

石田倉庫アトリエで、私は身近な葉っぱの絵を描き続け、夢を叶えてきた。私にとって石田会長は葉っぱ同様身近な存在だった。

だから、私の中にある石田会長の記憶を、葉っぱを描くように、ここに記すことにした。

感謝を込めて……。

「手品をするおじいさん」とは、このように愛すべきおじいさんなのである。

二〇一四年「石田倉庫のアートな二日間」代表　群馬直美

石田隆一会長の後を引き継ぎ、石田倉庫アトリエの大家さんになった石田高章氏は、コロナ禍で人と人との繋がりが分断される中、こんなステキな企画を投げかけてくれた。

石田倉庫壁画プロジェクト2021.3
●企画　石田産業（有）石田高章
●壁画制作　茂井健司　槇島藍　群馬直美　宮坂省吾　星野裕介
●制作協力　AR,TEE'S
●記録・動画制作　Naomi Gimma
Special thanks　安東桂
※「石田倉庫の壁画な日々」で検索すると壁画制作の一部始終がご覧いただけます。（ショートバージョン五一秒／ロングバージョン二五分）
●内容
「こんな時代だから、コロナに負けないように、倉庫の壁に誰か絵を描いてよ」と大家さんから、石田倉庫アトリエのアーティストたちに投げかけられたのは、昨年九月のこと。「はい、やります！」と手をあげたのは五人のメンバー。（茂井健司　槇島藍　群馬直美　宮坂省吾　星野裕介）
二〇二〇年一一月一日。大家さんと我ら五人は、石田倉庫アトリエのメイン広場に集合し、結成式を執り行った。大家さんは手作りおにぎりを振る舞ってくれた。こうして、『石田倉庫　壁画プロジェクト2021.3』は、はじまった。
まずは、壁画を描くために壁の掃除、下地塗り、仕上げ塗り作業を各自の予定を合わせて数週間かけて行った。膝痛、腰痛で大変だった。（泣）
そしていよいよ、それぞれが壁に向き合う日々に突入した。
五ヶ月が過ぎ去り紅葉していたツタの葉は落ち若葉が芽吹き、ヒヤシンスも芽を出し花を咲かせ、石田倉庫アトリエの壁に五人五様の絵が産声をあげた。
ショートバージョン五一秒
https://youtu.be/rEexVrkf6rg
ロングバージョン二五分
https://www.youtube.com/watch?v=Xzt1OGm8neo
ロングバージョンでは、五ヶ月間に及んだ壁画制作の模様を余すところなくご覧いただけます。
移ろう季節の中で、壁との対話を執拗なまでに繰り返すアーティストたち。日々少しずつ進行していく壁画制作は、一見同じことの繰り返しのように見えますが、着実に完成へと向かっていきます。その様子はあたかも植物が生長する姿のよう。自然の一部としての人間の在り方も垣間見られるはずです。普段は密室にこもり作品作りを行う者たちが、アトリエから外に出て壁と向き合った壁画制作の一部始終を、楽曲とともにご堪能ください。それぞれの間に絆が生まれてくる様子も感じとっていただけたら、幸いです。
※この動画の中には、二〇二三年一月に他界した高章氏のお母上、菊江さんも登場します。壁画ができるのを毎日楽しみにして、「これでジュースでも買って」と千円札を渡したりしています。写真で構成した動画ですが、記録に残せたことに感謝しています。

(9) 自分の作品には社会的価値があると思いますか？ アートやアーティストは社会から評価され、尊敬されていると思いますか？

「一枚の葉の命の輝き」は、最も大切なことである、とずっと思ってやってきたけど、昨今、さまざまな小さな命を蔑ろにする状況（戦争や事件など）を垣間見て、多くの人たちにとっては、私が描いている葉っぱのありのままの命の輝きはどうでもいいことなのかもしれない、いや、どうでもいいことなのだろう、と感じ、心が折れかかっている。が、そう感じたことで、さらなる表現の領域に誘われるのかもしれない、とも。社会からの評価や尊敬のことは、あまり関心がない。それより、もっともっと、きちんと一枚の葉っぱに向き合わないとな、と思う。人とも自分自身ともきちんと向き合わないとなあ、と思う。

最後に、二〇一八年のアトリエ展で踊った和太鼓とダンスの動画をご覧ください。
みんなが元気でお腹の底から楽しく笑いあえる世の中がいい。
【即興】和太鼓とダンス2018.11.24（高井　空氏撮影）石田倉庫のアートな二日間
https://www.youtube.com/watch?v=1T3brwdEILQ

＊　＊　＊　＊

◎伊藤卓義

（1）自己紹介をお願いします。

伊藤卓義／Itou Takuyoshi
アーティーズ／AR,TEE'S　代表／Representative

（2）どのような芸術をなさるのですか？

自分が経営している『アーティーズ』は、商業美術を主軸に、様々なアート表現を提供しています。芸術的な創造性と商業的な効果を両立させること、アーティスティックな表現と高いデザインスキルを追求しています。

コンセプチュアルな提案をすることでアートとしての価値を高め、視覚的な魅力を高めることで消費者の注意を引きつけ購買意欲を刺激する役割を果たしています。

AR.TEE'S

AR.TEE'S

表現の場所は、商業施設・個人店舗・オフィス空間などへの、内外装のトータルコーディネート・デザイン各種・製作・施工。具体的には、各種プラン制作・各種原画制作・壁画制作・特殊塗装・エイジング塗装・オブジェ造作など。

（3）アーティストとしてのクリエイティブなビジョンは？

〈経営理念〉：創造性と技術の力を活用し、人々の心と生活を豊かにすること。

〈クリエイティブなビジョン〉

・芸術性と実用性の調和：芸術的な美しさとコンセプト、実用的な機能の融合を、感動やインスピレーションを大切にしつつ、クライアントの目的やニーズに応えることを重視し臨機応変に表現すること。

・クライアントとのコラボレーション：クライアントとの綿密なコミュニケーションとフィードバックを通じて、彼らのビジョンや目標を深く理解した上で、プロジェクトの各段階で期待を超える成果を実現すること。

・文化とトレンドの融合：最新のトレンドや文化的要素を取り入れ、グローバルな視点とローカルな感覚を組み合わせたアートを提供すること。

これらのビジョンを基に、『アーティーズ』はクライアントのブランド価値を高め、消費者に強い印象を与えるアートを提供し続けることを目指しています。

(4) なぜアートを作るのですか?·個人的な理由ですか?·ビジネスとして?·他の理由?

今の日本は、発信力のあるメディアが右と発信すれば国民の多数は右を向くような、余りにも偏った、センスのない社会に思えています。

アートは社会に影響を与えられると考えていますが、ギャラリーや美術館などの展示では、とても限られた人々にしか伝えられないと思えていること。SNSや他メディアでの発信をしても、影響力のある人物やメディアとのコネクションがなければ、社会にほぼ認知されることなく埋もれてしまうこと。日本でのアートの力など個人での影響力は皆無に等しいとも思えています。なにより日本人の大半は自分自身の審美眼がないのではないかと思っています。

そんな日本を自分の考えや審美眼で少しでも変えたいと思っています。そのために、商業美術(クライアントの価値)を利用することで、社会に浸透させることが目的です。

・創造性とイノベーションの追求：アートを作ることは、創造性とイノベーションを追求するプロセスの一部です。常に新しいアイデアや視点を取り入れ、独自のスタイルやアプローチを通じて、他にはない斬新なアートを提供したいからです。

それと同時に、企業に対して『アート思考』を浸透させようと考えています。『アート思考』とは、アーティストのように物事を観察し、問題解決を図る思考方法です。これにより、企業の成長や発展に以下のような効果をもたらします。

①〈創造性とイノベーションの促進〉アート思考を通じて、社員は従来の枠にとらわれない新し

いアイデアを生み出しやすくなり、企業の革新能力が向上し、新しいビジネスチャンスを掴むことができます。

②〈社員のモチベーションと生産性向上〉アートがオフィスに取り入れられることで、社員の感性が刺激され、モチベーションが向上し、生産性の向上が期待できます。

③〈チームビルディングとコミュニケーションの促進〉アートを活用したワークショップや共同プロジェクトは、社員間のコミュニケーションを促進し、チームビルディングに役立ち、社内の連携が強化され、効率的な業務運営が可能となります。

④〈企業文化の形成と強化〉アートは企業の価値観やビジョンを視覚的に表現する手段として活用でき、社員が企業の目標や理念を共有しやすくなり、一体感が生まれます。

これらの要素により『アート思考』の導入は企業の総合的な成長と発展に寄与する可能性が高いと言えます。特に現代の競争が激しいビジネス環境では、社員の幸福度や創造性を高める施策は企業の持続的な成功に不可欠です。

日本の企業に足りないのは「クリエイティブ」と考えます。日本の発展には欠かせないと考えます。アートの力はまだまだ影響力を与えられる方法があると思っているため、アートを作り続けています。

(5) 石田倉庫に来たのはいつですか? どのようにして知りましたか?

学生時代の一九九〇年、石田倉庫で造形美術業を営んでいた会社に、知人からの紹介でバイトとして通うようになり、一九九一年卒業すると同時に入社しました。九年間勤めた後二〇〇〇年に独立し、そのまま石田倉庫で現在に至ります。(もう三四年間も居ます!!)

(6) アーティストとして石田倉庫で働くことについてどう思いますか?

アーティストは内面と向き合うことが多く孤独になりやすいと思いますが、石田倉庫のメンバーが居ることで、クリエイティブな刺激をもらえ、自分の居場所を見失うこと無く、励んでいける場所です。

(7) アーティストのコミュニティに参加するメリットはありますか? 一人で活動する方がいいのでしょうか?

畏まったコミュニティに参加するのはつまらないし苦手ですが、砕けてもいいようなコミュニティでしたら参加するメリットを感じます。(お酒も必要です(笑))

常に皆と一緒にいるのも、常に一人で活動するのも、それぞれの良さはあると思いますが、個人的には偏っていて好きじゃないです。両方の良さをバランスよく取りいれるのが自分らしく表現するための環境です。

（8）立川では地元の人々と交流がありますか？ある場合はどのように？

普段、商業美術をしていることも有り、交流はほぼ有りませんが、『石田倉庫のアートな二日間』が唯一の交流の場です。この二日間は、個人的にはお祭りと捉えているので、自分の居場所を確保しながら楽しめたらと思ってます。

来場者が『アートは楽しい！』と思ってもらえたらいいと考えています。（今年は五年ぶりなので更に楽しみです！）

（9）自分の作品には社会的価値があると思いますか？アートやアーティストは社会から評価され、尊敬されていると思いますか？

・感動とインスピレーションの提供：アートは人々に感動を与え、インスピレーションをもたらします。視覚的に魅力的で感情に訴える作品を通じて、観る人々の心を動かし、豊かな感性を育むと考えています。

・ブランド価値の向上：アートを取り入れることで、クライアントのブランドの独自性や魅力を高めることができます。クライアントのビジョンやメッセージを視覚的に表現することで、ブランドのアイデンティティを強化し消費者との深い結びつきを築いていると考えます。

アートは、正解・不正解がないことを前提とし、相手の見え方や価値観が異なることを許容することです。過去にも囚われない新しい独自の考え方が、未来を切り開いてくれると期待されています。

なぜビジネスで『アート思考』が必要なのか？

それは現実は多様で、論理だけでは解決できない問題がたくさんあるからです。これからの時代に求められるのは、答えを引き出す力以上に『正しい問いを立てることが出来る洞察力とユニークな視点』が重要と考えます。自由な発想を起源にする『アート思考』は、〇から一を生み出す思考法のため、似たような答えが生まれにくく、サプライズアイデアが生まれやすいと言えます。新規事業やプロジェクトの企画開発部門でも『アート思考』は大きな効果を発揮します。様々な特徴や考えを持った人々とのコラボレーションが生まれ、生産性が高いアイデアがたくさん生まれる環境になると考えます。

このようなことを持って表現している作品の社会的な価値は十分にあると考えます。（二十五年間、様々なクライアント様からのご依頼頂けていることが実証していると思います。）

アーティストに関わらず、全ての人は評価され尊敬される存在であり、批判される対象でもあります。

『アートやアーティスト』は人々の心と生活を豊かにすることや、問題を投げかけられること。文化的価値・独自性もあることから、社会的に評価されると考えます。

作品を作り上げるということは、多くの時間と労力を費やします。この努力と情熱は尊敬に値するのではないでしょうか。

＊　＊　＊　＊

◎ tonoharuna

（1）自己紹介をお願いします。

Painter/Artist の tonoharuna です。

（2）どのような芸術をなさるのですか？

自然の持つ線や空間の美しさを抽出して自由に色を響きあわせるようにして抽象画を描いています。

そのような絵画を主軸に活動していますが、コンテンポラリージュエリーや社会風刺漫画などのあらゆるクリエイティブな創作も自由に行っています。

（3）アーティストとしてのクリエイティブなビジョンは？

永遠に作品をクリエイションしていくことでみんなと共鳴したい。

また、自身が自由に創作することを体現することで「表現していいんだ。」と表現することに制

限をかけている方の解放のきっかけになれば幸いです。

（4）なぜアートを作るのですか？ 個人的な理由ですか？ ビジネスとして？ 他の理由？

個人的な理由です。作りたいという欲求が本能的にあるからです。

以前、こんなことを考えていたことがありました。誰かに尊敬されるような存在になったところで私はゆくゆくは死にゆく存在。誰かに影響を与えれるようなそんな作品を作ったとしても、その影響を与えた誰かもゆくゆくは死にゆく存在。

どこを目指して、なんのために生きているのかわからなくなったとき、それでも「生きたい」という本能があることに気づきました。

死んだらどうなるかとか、死後の世界はあるのかとか、誰かから話を聞いたところで私にはわからない。わかり得ないけど本能は確かに「生きたい」といっていること

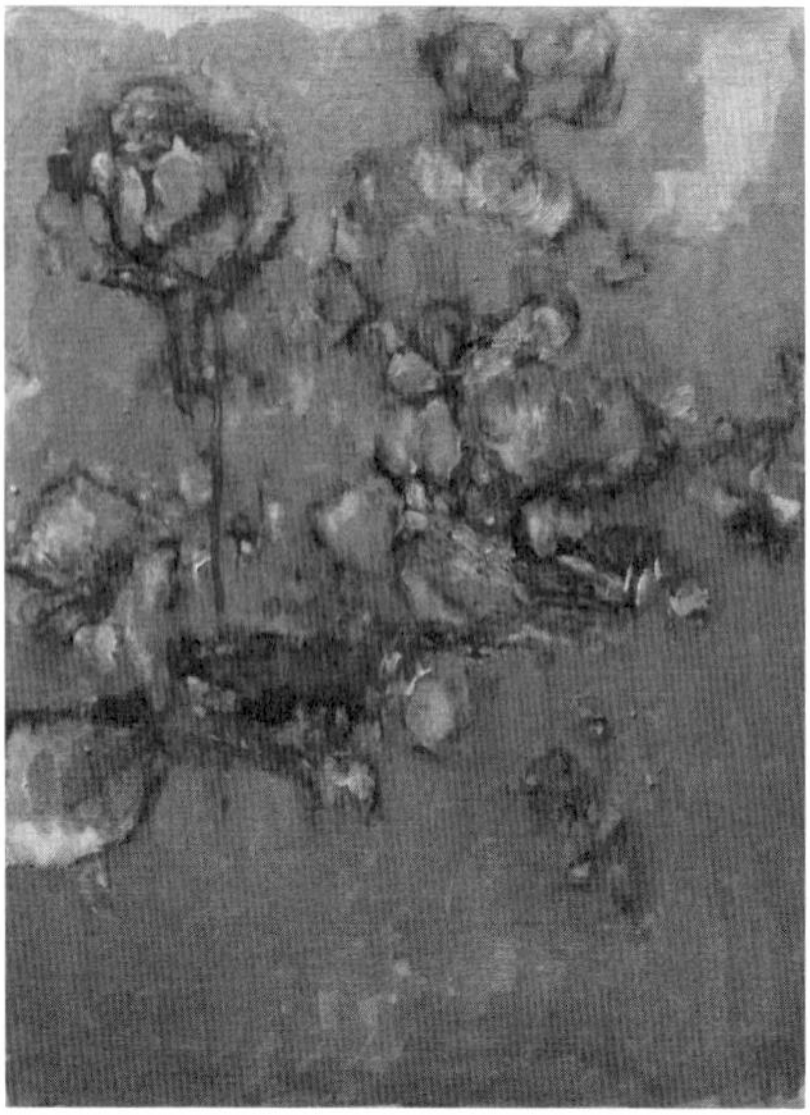

だけはわかる。
だから「生きる。」そして「生きたい」とか「作品を作りたい」とか、本能を大切に突き進めば、その中で葛藤があるかもしれませんがその経験すべてが尊いことだと感じています。

（5）石田倉庫に来たのはいつですか？どのようにして知りましたか？

二〇一五年　今の旦那さんがもともと所属していた。アトリエの近くに一緒に住むのをきっかけに、それまで家で制作していたのですが私もアトリエを持つことにしました。

（6）アーティストとして石田倉庫で働くことについてどう思いますか？

もともと家で制作していたのでひと目を気にせずいつでも制作したい時に制作できていましたが制作するためにわざわざ化粧して足を運ばなくてはいけない。

制作しながら大声で歌も歌えない。

深夜までいるにはトイレも外にあるので怖いからあまり深夜まで制作できない。などのデメリットがあるので制作拠点をゆくゆくは家に戻すことも今は視野に入れています。

（７）アーティストのコミュニティに参加するメリットはありますか？一人で活動する方がいいのでしょうか？

数年、制作活動が止まっている時期がありましたが、コミュニティに所属していたことでグループ展示などの話が舞い込み、またふたたび活動を再開することができたのはやはり、アートをやっているコミュニティにいたという環境がかなり大きかったと思います。

私個人の認知度はなくても石田倉庫としての認知度が高く、石田倉庫へのご依頼などもあり、活動を行ううえでこれまでたくさんの恩恵を受けています。

（８）立川では地元の人々と交流がありますか？ある場合はどのように？

オープンアトリエにお客様として来てくれた方と今でもご縁があったり、地域の方がアート教室（創造遊び場）に来てくれます。

また地域のまちづくり協議会にも参加し、地域で色んな文化活動をしている方とも交流しました。

（9）自分の作品には社会的価値があると思いますか？アートやアーティストは社会から評価され、尊敬されていると思いますか？

私の作品に価値を感じ、お金をだしてまで欲しいとおっしゃってくださる方がいるので、それだけでじゅうぶん、社会的価値があり、評価されていると感じます。

また購入する、しないに限らず、私のこの活動に刺激をうけて、作家活動をはじめたといってくださる方もいます。

表現をしたいけど、それを躊躇している方の後押しになっているのなら、それも社会的価値があると思います。

そして自分の気持ちに蓋を閉じて生きるより、やりたいことを思いきりやる、自分で自分を満たせる人がふえれば、誰かから搾取しようとか攻撃しようとかそんなことを考える人がいなくなる平和な社会に繋がると信じています。

私一人がアート表現をしたところで世界平和に繋がるなんてそんな簡単なことではないですがこの世のみんながたった一人、自分を満たせば簡単に世界平和になると信じています。

アーティストとして尊重はされたいですが尊敬されるということに対しては、あまり重要なことではないと思っています。

（そりゃあもちろん、尊敬してくれる方がいれば嬉しいですが）

アーティストが社会で特別な存在として尊敬される社会ではなく、みんなが当たり前にアーティストになる社会（それは表現者という意味でなにも作品作りに限った話ではありません。）になればいいと思っています。

＊　　＊　　＊　　＊

◎バーナビー・ラルフ

(1) 自己紹介をお願いします。

私の名前はバーナビー・ラルフです。クラシック、特にバロック時代の音楽の演奏家、そして大学教員、研究者としてのキャリアを積みたいと思い、二〇〇五年に来日しました。その前には、ウィーンの音楽大学で学ぶために渡欧を経験した後、オーストラリアでコンサートやレコーディングなど演奏活動をしながら、クイーンズランド大学など多くの教育機関で講師を務めてきました。日本では演奏活動をしながら、いくつかの大学で数年の間、非常勤講師を務めていました。演奏活動で生計を立てるのはなかなか難しく、東京女子大学で四年間フルタイムの教員として勤務することにしました。その後、成蹊大学で九年間教鞭をとり、現在は東京大学人文社会系研究科文学部で教員を務めています。主に本郷キャンパスで英文学と美学を中心に教えています。

(2) どのような芸術をなさるのですか？

東京女子大学に赴任するため西荻窪に住み始めた私は当時四〇歳で、何か新しいことをしたいと

思っていました。そこで考えたのがギターを始めることでした。楽器はギブソン社のレスポール・モデルが欲しかったのですが、初心者の私には高額だったので、いっそ自分で楽器を製作しようという考えに至ったのです。手始めに楽器製作のキットを入手しました。手工具だけを使って組み立て、スプレーで塗装し、電子回路をハンダ付けして完成させました。電動工具をまったく使わずに自宅でエレキ・ギターをゼロから作ったのです。私はこのプロセスをギター製作者のためのオンラインフォーラムに投稿したのですが、反応は「どうかしている」というものから「そんなことどうやってやるんだ？」というものまで様々でした。楽器製作の経験などない上に、最小限の工具しか使用しないという無謀なギター作りについては、ある友人が素晴らしいアドバイスをしてくれました。「道具は道具だけで片側に重ねて、もう片側

には木材だけ重ねる。両側を見て、これでできる。自分に言い聞かせるんだ」と。

しばらくしてYouTubeのチャンネルも立ち上げ、自分の楽器の作り方や楽器が奏でる音のサンプルの動画を投稿できるようにしました。オンライン・マーケティングの達人が言うように、チャンネルを宣伝したり、「成長」させようとしたことはないし、収益化したこともありません。とはいえ、チャンネル開設以来、およそ七十五万回の再生回数があり、チャンネル登録者数は四千五百人までになりました。

その甲斐もあって、楽器製作や修理の依頼も受けるようになりました。ギター修理の内容は、ギターを弾きやすくするためにフレットを本体にセッティングすること、壊れたネックやヘッドストックを直すことが多いです。ヘッドストックに角度がついている特殊なスタイルのギターは比較的頻繁に壊れるので、そのような楽器の修理に対応するための一連の道具やテクニックを自分で開発しました。また、エレクトロニクスのようなものにも取り組んでいて、パーツを交換したり、破損したピックアップなどを修理したりしています。先にもお話ししましたが、私は自分でピックアップを巻くことが多く、それらを世界中に送っています。

自分の楽器を売ったり、修理費用を請求したりするのは気が進まなかったので、シンプルなシステムを考案しました。私が楽器を作ったり修理したりして、「お客さん」がその仕事の価値を決める。そして、その金額をチャリティーに寄付する。私は寄付先には貧困に悩む子供たちの教育のためのカンボジアの慈善団体などを提案しましたが、どこへ寄付するかは依頼者に任せました。

私は彼らがいくら寄付しているのか、あるいは実際にしているのかどうかを確認したことはありません。米国在住のあるアメリカ人にヴィンテージ・ギターのための新しいピックアップの作成を依頼されたことがあります。本人は無職で厳しい経済状況に置かれていた上に、持病を抱えていたので、費用の寄付は心配しなくていいと伝えました。

私は彼に新しいピックアップを郵送しました。この依頼者の方は新しいピックアップをそなえた楽器を手にして地元のバーで演奏活動を始めたのです。彼は経緯を聴衆に説明し、募金活動をしてくれていました。テーブルの上に帽子を置き、貧しいカンボジアの子供たちへの教育費を募った。「その帽子に入ったものはすべて、あの子たちのために使われるんだ」と彼は言いました。演奏後の帽子の中には五千ドル入っていて、全額カンボジアの慈善団体に寄付されました。彼は自分のためには一銭も受け取らなかったし、私にも何も言わなかったのです。これはカンボジアにいた知人を通して私に知らされることになりました。

(3) アーティストとしてのクリエイティブなビジョンは?

アーティストとして、私はそのミュージシャンの個性に合った楽器を作りたいと思っています。ネックが厚くてアクションが高いものが好きな人もいれば、弦が薄いネックに近く張られた状態を望む人もいます。ギターの重さ、ボディの形、一般的な演奏特性など、楽器に対する理想的なフィーリングは人それぞれ微妙に違います。私は自分でピックアップを巻くので、電子パーツを作って、より注意深く楽器ギター製作にはとても美しい木材を使うことが多いのですが、美的な要素は音楽的な要素に比べれば二の次です。私は演奏家として訓練を受けたので、楽器の機能性は外見よりもはるかに重要だと理解しています。以前、イタリア製作者が「ジュエル・ギター」を作れる製作家がたくさんいると言っていました。つまり、見た目は完璧だが、音が必ずしも良くないということです。インターネット販売が世界的な音楽産業の大部分を占めるようになった今、魅力的で写真映えするギターを作ることは、音質の良いギターを作ることよりもビジネスにとって有益なことが多いのです。私は特定の顧客向けに数少ない楽器しか製作しないので、ネット上での評価を気にする必要はありません。

私は、ギター奏者が繰り返し何度も手に取り、彼らが好きな音楽を創るようにインスパイアされるような楽器を作りたいのです。それと同時に、使用する素材についての理解を深めたいと感じています。エレキギター製作における大きな議論のひとつに、「トーンウッド」論争があります。木材の選択が楽器の音色に大きな違いをもたらすという主張がある一方で、楽器本体の木材は音質には関係しないという考えもあります。後者によると、ピックアップが最初の音の大部分を作り出し、その信号は歪みなどの効果によってさらに変化し、最後にアンプとスピーカー・キャビネットによって変化するのだから、音質は木材に関係ないというのです。そのため、木材によって生み出されるいかなる効果も、全体的な音色を測定するには小さすぎると認識されています。しかし、これらの議論では、奏者と楽器の相性による音質への影響という観点が見落とされていると思います。私は奏者と楽器との相互作用が、生み出される音に最も大きな影響を与えていると認識しています。これは、楽器製作に最も重要な側面の一つであると考えています。マホガニーの手触りやフレイムメイプルの見た目が気に入れば、奏者の演奏意欲が高まるかもしれません。また、ほとんどのエレキギター奏者は、自宅などでは、お気に入りの楽器をアンプラグドで弾いています。このような場合、使用されている木材の音響特性は極めて重要となるのです。アンプラグドで良い音と感触が得られれば、その楽器はより頻繁に手に取られ、より長く演奏されることにつながるのです。単なる「ギターの形をした物体」ではなく、演奏へのインスピレーションの源となります。

素材に関する議論は、伝統刷新にも及んでいます。楽器製作に伝統的な木材以外は使わない製作者もいます。その一方では、珍しい木材からカーボンファイバーや航空機用アルミニウムのような素材まで、何でも試してみようとする人もいます。個人的には、実験することに喜びを感じているし、既存の偏見に縛られることもありません。もし私が大きなギター会社を経営していたら、また違うかもしれないのですが、生産量が少なく顧客も限られているので、これまでの慣習に縛られずに自由に楽器を製作しています。

(4) なぜアートを作るのですか?個人的な理由ですか?ビジネスとして?他の理由?

私にとってのギター製作には、いくつかの重要な目的があります。第一には、本業から離れてリラックスをすることです。私は工房に行くと、携帯電話をしまい、外の世界から自分を切り離します。木工作業や、工具を研いだり、電子部品をハンダ付けしたりするなどの手作業に没頭することによって、私は非常に癒されるのです。もちろん、作業が思うように進まず気が滅入ることもありますが、そういう時は道具を置いて他のことに目を向けます。私は演奏もするので、工房で一日中ギターの練習をしていたなんてこともあります。

楽器を作るもうひとつの理由は、東京だけでなく世界中のミュージシャンと交流できることです。ギター奏者は珍しくはありませんが、ギター製作者の数はそう多くはありません。他のミュージシャンは、私が楽器を作ったり修理したりできることを知ると、私に話しかけたがるのです。そして私は、実用的で美しいものを作ることによって達成感を得ています。完成したギターは、単なる木片や弦などのパーツの組み合わせにはとどまりません。楽器が出来上がり、音を奏でる瞬間に立ち会えるのが一番の醍醐味です。ひとたび楽器が完成すれば、音楽を生み出すことができるのです。無生物に突然ある種の魂や精神が入り込み、音楽を奏でることによって、生命が吹き込まれるのです。これはとても感動的です。

(5) 石田倉庫に来たのはいつですか？どのようにして知りましたか？

私は二〇一四年に成蹊大学に赴任した機会に、楽器製作の場を狭いアパートから作業にもっと適した場所に移動する必要があると考え始めました。これまで全て手作業で行っていたものを、周囲への迷惑を気にせず、ルーターやバンドソー、ドリルプレスなどの電動工具を使い始めたいとも思っていました。

そこで、前勤務先の東京女子大学で事務員をされていた方が、親切に石田さんを紹介してくれたのです。私は様々な空きスペースを見せていただき、独立した小さな工房がとても気に入りました。私は海外赴任で一年間国外に滞在していた際も、この貴重なギター製作のための拠点を手放すことはせず、今に至っています。

（6）アーティストとして石田倉庫で働くことについてどう思いますか？

私にとって、石田倉庫は理想的な創作の場所です。独立した工房なので、小さなスペースでも周囲への迷惑を気にせずに製作に没頭できます。他のアーティストの方々と交流できる点も気に入っていますし、みんなで仲良くしています。人通りはそれほど多くはないので、一般の方々に気にとめられることは稀ですが、時々通りすがりの方が「何をしているのだろう」と興味を持ってくださったりもします。お話をする機会があると、日本語の練習もできてとても嬉しいです。

（7）アーティストのコミュニティに参加するメリットはありますか？一人で活動する方がいいのでしょうか？

コミュニティの一員であることはとても有意義です。それぞれ違った分野に取り組んでいるので、ライバル意識などはなく、みんなお互いの作品に興味を持つことができます。石田倉庫の他のメンバーが主催する展示会に足を運ぶこともありますし、様々なイベントなど、交流をする機会もあります。私は過去のイベント「石田倉庫のアートな二日間」に参加しましたし、二〇二四年にも出演する予定です。

他のアーティストがいることは刺激になるし、仕事へのモチベーションも上がります。お互いにあまり干渉しないようにしていますが、常に挨拶を交わし、共同のプロジェクトも企画しました。その一つには、二〇一六年に退去されたアーティストの方に共同作品を贈るというものでした。それは大きな額縁のようなもので、各自が得意なアートを使って文字を作り、"The Spring is Forever"という言葉を綴るというものでした。私は「H」と「R」の文字を木とギターの弦で作り、フレーム本体も作りました。

(8) 立川では地元の人々と交流がありますか？ある場合はどのように？

数少ない通りがかりの工房の訪問者の方や、私の創作活動についてどこかで知ってくださり、楽器の製作や修理ができないかと尋ねてくる地元の方もいらっしゃいました。ある方は、マンドリンの修理を依頼してくださり、お持ちになっている珍しい日本製のギターを海外の方に譲りたいと持ち込んでくださいました。そして私は、実際にこの楽器の買い手を見つけることができました。その楽器はとても素敵だったので、私自身が欲しいくらいでした。年に一度のイベント「石田倉庫のアートな二日間」は、一般の方々と有意義に交流できる最高の機会になります。このイベントは、コロナ禍の影響で数年間中断していました。二〇二四年にも開催されますが、以前の入場者数からすると数千人の来場が見込まれます。過去には、テレビ朝日とNHKの取材を受けたり、地元の新聞にも掲載されました。このイベントが広く知られていることにとても驚いたものです。

（9）自分の作品には社会的価値があると思いますか？アートやアーティストは社会から評価され、尊敬されていると思いますか？

すべての芸術は社会にとって価値があるものだと思います。私の創作活動は、様々な芸術分野の交差地点にあります。私の作品である楽器は音楽、伝統的な大工仕事、そしてある種の彫刻的な要素の融合と考えています。音楽は文化にとって不可欠な存在です。音楽は文化に生命、エネルギーを吹き込む意義があります。

私は芸術家が伝統的に大切にされてきた日本では、このことがよく理解されていると感じています。私や石田倉庫の他のメンバーは、アーティストが敬意と配慮を持って扱われ、手仕事のような技術の重要性が深いレベルで理解される環境で仕事ができる幸運に恵まれていると思っています。

献辞

二〇二四年八月五日、石田倉庫所長の石田高章さんが他界された。石田高章さんは愛された人物であり、彼が関わったアーティストなどの他、多くの人々から愛情と尊敬の念をもって記憶されることだろう。私たちは皆、彼と知り合えたこと、そして彼の優しさ、心遣い、寛大さから恩恵を受けることができたことを幸運に思っています。

＊本章の掲載写真はすべてアーティスト本人による提供である。

執筆者紹介（掲載順）

小林　真理（こばやし　まり）　第一章
東京大学大学院人文社会系研究科教授、成蹊大学文学部非常勤講師。早稲田大学大学院政治学研究科博士後期課程単位取得退学。博士（人間科学）。専門は文化政策研究、文化行政研究、文化経営学研究。おもな業績として、『文化権の確立に向けて──文化振興法の国際比較と日本の現実』（勁草書房、二〇〇四年）、『文化政策の現在（全三巻）』第一巻『文化政策の思想』、第二巻『拡張する文化政策』、第三巻『文化政策の展望』（編著、東京大学出版会、二〇一八年）、『法から学ぶ文化政策』（共著、有斐閣、二〇二一年）など。

長津　結一郎（ながつ　ゆういちろう）　第二章
九州大学大学院芸術工学研究院准教授。東京藝術大学大学院音楽研究科博士後期課程修了。博士（学術）。専門は文化政策、アートマネジメント、アートと社会包摂。おもな業績として、『舞台の上の障害者──境界から生まれる表現』（九州大学出版会、二〇一八年）、『アートマネジメントと社会包摂──アートの現場を社会にひらく』（共編著、水曜社、二〇二一年）、「日本における障害のある人が関わる芸術活動の現在地──障害学における議論を参照して」（小田原のどか・山本浩貴編『この国（近代日本）の芸術──〈日本美術史〉を脱帝国主義化する』月曜社、二〇二三年）など。

楊　淳婷（やん　ちゅんてぃん）　第三章
東京藝術大学大学院国際芸術創造研究科特任助教。東京藝術大学大学院音楽研究科博士後期課程修了。博士（学術）。専門は多文化共生論、芸術実践論、アートプロジェクト。おもな業績として、「アートによる多文化の包摂──日本人の外国人住民に対する『寛容な意識づくり』に着目して」（『文化政策研究』第一〇号、二〇一六年）、「協働的な創作プロセスにおける複数性──アートプロジェクト『東京で（国）境をこえる』を事例に」（『ロームシアター京都リサーチプログラム紀要──二〇二一年度報告書』、二〇二一年）、「移民女性の語りを聞く──東京芸術劇場の影絵芝居『わたしのこもりうた』を事例に」（『国際芸術創造研究科論集』第六号、二〇二五年）など。

川村　陶子（かわむら　ようこ）　第四章　＊責任編集者
成蹊大学文学部教授。東京大学大学院総合文化研究科博士後期課程単位取得退学。博士（学術）。専門は国際関係論（国際文化関係・文化交流）、文化政策研究。おもな業績として、『国際文化関係史研究』（共編著、東京大学出版会、二〇一三年）、「文化多様性と安全保障（セキュリティ）――ドイツ多文化社会の経験から考える」（遠藤誠治編『国家安全保障の脱構築――安全保障を根本から考え直す』法律文化社、二〇二三年）、『〈文化外交〉の逆説をこえて――ドイツ対外文化政策の形成』（名古屋大学出版会、二〇二四年）など。

槇原　彩（まきはら　さや）　第五章
成蹊大学文学部芸術文化行政コース客員准教授。東京藝術大学大学院音楽研究科博士後期課程修了。博士（学術）。専門はアートマネジメント、文化政策、共創的芸術実践。おもな業績として、『アートプロジェクトのピアレビュー――対話と支え合いの評価手法』（共編著、水曜社、二〇二〇年）、「『メモリーバックアップ』としてのロジックモデル――Memorial Rebirth 千住の一〇年間を事例として」（『アートプロジェクトがつむぐ縁のはなし――絵物語・声・評価でひもとく大巻伸嗣「Memorial Rebirth 千住」の一一年』熊倉純子監修、公益財団法人東京都歴史文化財団アーツカウンシル東京、二〇二二年）、「障害者との共創的芸術実践における大学生の意識変化――成蹊アートプロジェクト二〇二二を事例として」（『アートマネジメント研究』第二五号、二〇二五年）など。

竹内　敬子（たけうち　けいこ）　第六章
成蹊大学名誉教授、成蹊大学文学部非常勤講師。マンチェスター大学大学院人文・歴史・文化研究科博士課程修了。Ph.D.（歴史学）。専門はイギリス工場法史、イギリス女性労働史、イギリスジェンダー史。おもな業績として、「労働と文化――『平凡な日常』とアイデンティティ」（井野瀬久美惠編『イギリス文化史』昭和堂、二〇一〇年）、「イギリス一八〇二年工場法とジェンダー」（『成蹊大学文学部紀要』五〇、二〇一五年）、「労働運動指導者ベン・ターナーの『自伝』（About My Self）――「変化の時代」を生きて」（成蹊大学文学部学会編『歴史の蹊、史料の杜――史資料体験が開く日本史・世界史の扉』成蹊大学人文叢書二〇、風間書房、二〇二三年）など。

金　善美（きむ　そんみ）　第七章
成蹊大学文学部准教授。一橋大学社会学研究科博士後期課程修了。博士（社会学）。専門は都市社会学、地域社会学。おもな業績として、『隅田川・向島のエスノグラフィー――「下町らしさ」のパラドックスを生きる』（晃洋書房、二〇一八年）、「『町家ブーム』から見た大都市インナーエリアの地域社会変動――京都・西陣地区の事例から」（『日本都市社会学会年報』三六号、二〇一八年）、「東京下町の移り変わりとジェントリフィケーション」（岸政彦・川野英二編『岩波講座　社会学　第二巻　都市・地域』岩波書店、二〇二四年）など。

鈴木　理映子（すずき　りえこ）　第八章
編集者、ライター、成蹊大学文学部非常勤講師。青山学院大学総合文化政策学研究科修了。修士（文化創造マネジメント）。専門は近現代日本演劇、地域演劇。おもな業績として、『日本の演劇――公演と劇評目録一九八〇年～二〇一八年』（監修、日外アソシエーツ、二〇一九年）、「漫画と演劇」（神山彰編『演劇とメディアの二〇世紀』森話社、二〇二〇年）、「宝塚風ミュージカル劇団のオリジナリティ」（日比野啓編『地域市民演劇の現在――芸術と社会の新しい結びつき』森話社、二〇二三年）など。

日比野　啓（ひびの　けい）　第八章
成蹊大学文学部教授。ニューヨーク市立大学大学院演劇専攻。M.Phil.　専門は演劇史、演劇理論。おもな業績として、『アメリカン・ミュージカルとその時代』（白水社、二〇二〇年）、*Music in the Making of Modern Japan: Essays on Reception, Transformation and Cultural Flows*（共編著、Palgrave Macmillan, 2021）、『「喜劇」の誕生――評伝・曾我廼家五郎』（白水社、二〇二四年）。

Ralph, Barnaby James（らるふ、ばーなびー・じぇいむす）　第九章
東京大学大学院人文社会系研究科教授、成蹊大学文学部非常勤講師。University of Queensland（Ph.D.）.　専門は英語圏文学・演劇、音楽学。おもな業績として、共編著 *London and Literature, 1603-1901*（with A. Davenport and Y. Nakatsuma, CPS, 2016）、「トマス・シャドウェルの戯曲『ランカシャーの魔女たち』――歴史、上演、そして王政復古という文脈」（成蹊大学文学部学会編『Facets of English――英語英米文学研究の現在』成蹊大学人文叢書一六、風間書房、二〇一九年）、共編著 *Music in the Making of Modern Japan*（with K. Hibino and H. Johnson, Palgrave Macmillan, 2021）など。

大友　彩子（おおとも　あやこ）第九章
青山学院大学文学部英米文学科非常勤講師、成蹊大学文学部非常勤講師。University of Queensland（M.Phil.）.
専門は西洋音楽史、美学。主な業績として、'Inner Meaning in Harpsichord Decoration: The Flemish and French Schools of Soundboard Painting'（*Aesthetics and Experience in Music Performance*, Cambridge Scholars Press, 2005）. 'Western Art Music in Pre-Edo and Meiji Japan: Historical Reception, Cultural Change and Education'（*Music in the Making of Modern Japan*, Palgrave Macmillan, 2021）など。

成蹊大学人文叢書21

アートによる共生社会をめざして

二〇二五年三月三一日　初版第一刷発行

編　者　成蹊大学文学部学会

責任編集　川村陶子

発行者　風間敬子

発行所　株式会社　風間書房

101-0051　東京都千代田区神田神保町一―三四

電　話　〇三―三二九一―五七二九

ＦＡＸ　〇三―三二九一―五七五七

振　替　〇〇一一〇―五―一八五三

印刷・製本　太平印刷社

NDC 分類：361.7

ISBN 978-4-7599-2535-7　Printed in Japan